Lorenz Marti

# Wie schnürt ein Mystiker seine Schuhe?

Lorenz Marti

# Wie schnürt ein Mystiker seine Schuhe?

## Die großen Fragen und der tägliche Kleinkram

HERDER

FREIBURG · BASEL · WIEN

www.herder.de

Satz: Barbara Herrmann, Freiburg
Druck und Bindung: fgb · freiburger graphische betriebe 2004
www.fgb.de

ISBN: 3-451-28391-3

*Für Corina*

*Ohne sie wäre dieses Buch nie zustande gekommen*

# Inhalt

# Einstimmung

Es ist Morgen. Ich muss gehen. Die Zeit drängt. Hastig schnüre ich meine Schuhe. Ob ich wohl noch rechtzeitig zum Bahnhof komme? Ein Schuhbändel reißt. Ausgerechnet jetzt, wo ich so knapp dran bin. Ich suche einen neuen, führe diesen mit zittrigen Fingern durch die Ösen und ziehe ihn straff an. Der Schuh sitzt. Ich verlasse das Haus.

Eine banale Geschichte, wie es im Verlaufe eines Tages unzählige gibt. Eine Nebensächlichkeit, scheinbar ohne Bedeutung. Es muss halt sein, das Schnüren der Schuhe ebenso wie der ganze übrige tägliche Kleinkram, der immer zu viel Zeit in Anspruch nimmt.

Kleinkram?

Von einem Schüler des berühmten jüdischen Wanderpredigers Maggid von Mesritsch ist der Satz überliefert: „Ich bin nicht zum Maggid gegangen, um bei ihm die Torah zu studieren, sondern um zu beobachten, wie er seine Schuhe schnürt."

Und plötzlich verlangsamt sich der ganze Film. Der berühmte Weise schnürt die Schuhe. Ein Schüler schaut zu. Keiner spricht ein Wort. Wie in Zeitlupe nimmt der Schüler jede Bewegung des Meisters wahr. Er schaut genau hin, damit ihm nichts entgeht. Er lässt sich berühren von dem, was er sieht. Ihn interessiert nicht die abstrakte Lehre, sondern das konkrete Leben. Er sucht die Begegnung mit einem Menschen, der lebt, was er lehrt. Auf dem Weg über die Praxis hofft er einiges zu erfahren über das, was diesen Maggid bewegt und trägt. Und wer weiß: Vielleicht erfährt er beim Schnüren der Schuhe mehr über das Geheimnis des Lebens als beim Studium einer heiligen Schrift.

Wie schnürt ein Mystiker seine Schuhe? Der Schüler verrät es nicht. Die Frage bleibt offen. Gerne hätte ich selber dem Maggid einmal zugeschaut. Wahrscheinlich hätte ich gar nichts Besonderes festgestellt. Mystiker und Mystikerinnen sind Menschen wie du und ich. Mit dem kleinen Unterschied, dass sie Tiefenschichten des Lebens entdecken und ergründen, die uns üblicherweise verschlossen bleiben. Diese Erkundungsreisen ins Innere des Daseins mögen sich im Alltag auf unterschiedliche Weise auswirken. Ich kann mir vorstellen, dass einige Mystiker ihre Schuhe mit einer hohen Aufmerksamkeit und Ruhe schnüren und diese kleine Verrichtung als Übung auf dem inneren Weg verstehen. Andere wiederum werden wie ich die Sache möglichst schnell hinter sich bringen. Von den ersten kann ich lernen, mit den zweiten fühle ich mich verbunden. Die ersten gehen mir voraus, die zweiten sind mir nahe.

Es gibt viele große Theorien über Gott und die Welt. Doch am Ende kommt es immer darauf an, wie ich mit den ganz praktischen Anforderungen des ganz gewöhnlichen Alltags umgehe. Der Ort, an dem die großen Fragen des Lebens zu reflektieren und zu meditieren sind, ist immer da, wo ich gerade bin. Und sei es beim ungeduldigen Schnüren der Schuhe.

Da möchte ich beginnen. Nicht mit dem Anspruch, mich ändern oder „verbessern“ zu müssen. Aber mit dem Wunsch, den Dingen auf den Grund zu gehen. Klarheit zu gewinnen. Das Wesentliche vom Unwesentlichen unterscheiden zu können. Dem Eigentlichen, was immer das auch ist, auf die Spur zu kommen.

Spiritualität ist für mich nur dann von Bedeutung, wenn sie etwas mit dem ganz konkret gelebten Leben zu tun hat. Wenn sie den Alltag weit und tief macht, wenn sie ihn durchlüftet und belebt. Von seinen hebräischen Wurzeln her verbinden sich im Wort Spiritualität die Begriffe Geist, Weite und Wind. Der Wind weht, wo er will. Er lässt sich nicht planen, nicht organisieren, nicht beherrschen. Seine Kraft bewegt, stößt festgefügte Ordnungen um, schafft Raum für Neues.

Habe ich damit schon zu viel gesagt? Ach, wie wenig weiß ich doch über diesen Wind. Er ist immer wieder so überraschend anders, als ich meine. Trotzdem möchte ich seinem Geheimnis etwas näher kommen. Tastend, suchend und immer wieder fragend. Und wenn ich zwischendurch eine Antwort gebe, dann ist diese bestimmt wiederum fragwürdig, einer weiteren Frage würdig. Antworten schließen ab, Fragen öffnen Tore. „Fragen“, sagt Martin Heidegger, „ist die Frömmigkeit des Denkens.“

In dem Sinne habe ich dieses Buch geschrieben. Ich verstehe die Texte als eine Sammlung von Skizzen und Entwürfen. Sie alle sind nicht abgeschlossen, sondern offen, entwicklungsfähig – und vorübergehend. Ein kleiner Windstoß nur, und alles sieht womöglich wieder ganz anders aus.

Dann heißt es: Aufstehen, in aller Ruhe die Schuhe schnüren, das Haus der Gewohnheiten verlassen und mich erneut auf den Weg machen.

Schwanden bei Bern, im Winter 2003 Lorenz Marti

1

# Unruhiges Herz und offene Weite

## Wanderungen auf den Pfaden der Religion

*„Wohin denn gehen wir?*
*Immer nach Hause."*

Novalis

## Das unruhige Herz

Es muss mehr geben als die eigene kleine Welt, in der ich mich bewege. Etwas Großes, Weites, Grenzenloses. Es muss mehr geben als das dauernde Wechselspiel von Schmerz und Freude, Glück und Unglück, Licht und Finsternis. Etwas Bleibendes, Beständiges, Ewiges. Es muss mehr geben als mein einzelnes, isoliertes Dasein als verletzliches und sterbliches Wesen. Etwas Ganzes, Tragendes, Allumfassendes. Es muss so etwas geben wie einen großen Zusammenhang, in den mein kleines Leben eingebettet ist.

Es muss mehr geben. Die Sehnsucht brennt. Die Welt ist dafür „eine Nummer zu klein geraten“ (Kurt Tucholsky). Zwar gibt es scheinbar viele Möglichkeiten, diese Sehnsucht ihrer Erfüllung entgegenzuführen, ganze Wirtschaftszweige mit ihren überzogenen Glücksversprechungen leben davon. Doch so viel ich auch kaufe und besitze – dahinter lauert eine gähnende Leere. Es bleibt ein innerer Durst, der durch nichts Äußeres gestillt werden kann.

„Was suchst du eigentlich?“, frage ich mich manchmal, wenn ich, getrieben von einer dumpfen Kauflust, durch die Einkaufszentren der Stadt hetze. Was suche ich? Wirklich einen neuen Pullover (ich habe doch schon etliche) – oder das Glückserlebnis, das ich mir von ihm erhoffe (wo ich doch weiß, dass es nie lange anhält)?

Was suchst du eigentlich?, fragt Augustinus, der große Kirchenlehrer der Antike. Sein Rat: „Suche, was du suchst, aber nicht dort, wo du es suchst.“ So kann es geschehen, dass ich den schönen Pullover ins Regal zurücklege, und etwas enttäuscht, aber leichten Schrittes davonziehe.

Zwar bin ich immer noch naiv genug, mich von äußeren Verlockungen blenden und verführen zu lassen. Doch der Riss bleibt, die Spannung zwischen dem, was ist, und dem, was ich ersehne. Wenn ich meinen Wünschen und Begierden auf den Grund gehe, entdecke ich ein manchmal fast schmerzhaftes Verlangen. Nur vordergründig richtet es sich auf äußere Dinge. Es geht tiefer. Es ist das Verlangen, das enge Gehäuse meines Daseins zu überschreiten auf etwas Größeres hin. Die Sehnsucht nach einem Glück, das von keinen äußeren Bedingungen abhängig ist. Die Sehnsucht nach Transzendenz.

Augustinus spricht vom „unruhigen Herz", das den Menschen vorantreibe: „Das unruhige Herz ist die Wurzel der Pilgerschaft. Im Menschen lebt eine Sehnsucht, die ihn hinaustreibt aus dem Einerlei des Alltags. Im Grunde seines Herzens sucht er ruhelos den ganz Anderen, und alle Wege, zu denen der Mensch aufbricht, zeigen ihm an, dass sein ganzes Leben ein Weg ist, ein Pilgerweg zu Gott."

Was auch immer ich suche, dahinter steht mein unruhiges Herz. Es will nicht einen neuen Pullover. Es will mehr. Viel mehr. Es will alles.

Das unruhige Herz treibt mich an, immer wieder aufzubrechen und weiterzuziehen auf einem Weg, der sich im Unendlichen verliert.

Manchmal denke ich, dass es schön wäre, irgendwo anzukommen. Aber von der Mystik lerne ich, dass jeder Schritt auf diesem Weg seine Bedeutung hat, ja dass der Weg selber in einem gewissen Sinne bereits das Ziel ist.

Was mein unruhiges Herz sucht, ist mir womöglich näher, als ich mir selber bin.

## Ich geh, weiß nit wohin …

Der Weg, den ich gehe, ist keine gerade Straße. Schon eher ein verschlungener, holpriger Pfad mit vielen Windungen, Höhen und Tiefen. Ich weiß nicht, woher er kommt, und ich weiß nicht, wohin er führt. Mein Weg ist über weite Strecken ein Rätsel. Das Leben an sich ist ein Rätsel. Und auch ich selber bin mir oft genug ein Rätsel. Ich gehe, weil ich nicht anders kann als gehen. Aber ich weiß nicht, wer da eigentlich geht, noch wohin er geht.

Ein mittelalterlicher Dichter drückt diese Erfahrung mit drei Zeilen aus – und kommt dann in Zeile vier zu einer überraschenden Entdeckung:

„Ich geh, weiß nit wohin,
ich komm, weiß nit woher,
ich bin, ich weiß nicht, was,
mich wundert, dass ich fröhlich bin."

Mit diesem unbekannten Wanderer auf dem unbekannten Pfad kann ich mich recht gut identifizieren. Mit einem entscheidenden Unterschied allerdings: Mir fehlt dessen grundlose Fröhlichkeit. Ich bin eher selten fröhlich, und wenn, dann meistens aus einem konkreten Anlass. Die Fröhlichkeit des Wanderers hat aber keine äußere Ursache. Die Ungewissheiten, denen er ausgesetzt ist, würden auch eher zur Sorge Anlass geben. Er aber ist fröhlich. Ohne Grund. Einfach so. Und das erstaunt ihn selbst. Er wundert sich.

Es ist dies offensichtlich eine andere Art von Fröhlichkeit, als sie in unserer Spaßkultur gepflegt wird. Eine Fröhlichkeit, welche die dunklen Seiten des Lebens nicht fürchtet. Eine Fröhlichkeit, die unabhängig bleibt von den rasch wechselnden äußeren Umständen. Leise und unaufdringlich begleitet sie den Wanderer auf seinem Weg, ob nun die Sonne scheint oder ob es regnet und stürmt.

Ich stelle mir vor, dass der fröhliche Wanderer ohne Gepäck

unterwegs ist. All seinen Ballast hat er abgeworfen, seine Pläne und Absichten aufgegeben. Leichten Schrittes zieht er dahin, um sich von dem überraschen zu lassen, was auf ihn zukommt. Damit idealisiere ich ihn natürlich, und der Kontrast zu meinem manchmal schweren und sorgenvollen Gang wird umso deutlicher. Doch ich entdecke dabei auch, warum mir dessen Leichtigkeit fehlt: Ich schleppe viel zu viel Ballast mit mir herum. Geschichten aus der Vergangenheit etwa, von denen ich mich nicht lösen kann und die wie Bleigewichte an meinen Füßen hängen. „Wirf sie ab", höre ich den unbekannten Wanderer rufen, „vergiss deine Geschichten und lebe *jetzt*!"

Anders als dieser Wanderer trage ich auch viele Sorgen und Ängste, Hoffnungen und Wünsche mit mir. Unter ihrem Gewicht versuche ich zu bestimmen, wohin die Reise gehen soll. Nun verläuft aber der Weg nicht immer nach meinen Vorstellungen. Die Wirklichkeit ist oft anders, als ich sie gerne hätte. Und wieder vernehme ich die Stimme des fröhlichen Wanderers: „Wirf deine Vorstellungen weg, überlasse dich dem Weg und seinen Geheimnissen!"

Die Christen der ersten Jahrhunderte nannten sich „Leute des Weges". Später wurden sie sesshaft, was dieser Religion keineswegs gut getan hat. Diese „Leute des Weges" sind neu zu entdecken: Das Leben als Wanderschaft, als Pilgerreise. Das Woher und Wohin ist dabei weniger wichtig als die Bewegung, das Unterwegssein.

Ein alter Pilgerspruch für „Leute des Weges" lautet:

„Man muss wie Pilger wandeln,
frei, bloß und wahrlich leer,
viel sammeln, halten, handeln
macht unseren Gang nur schwer.
Wer will, der trag sich tot.
Wir reisen abgeschieden,
mit wenigem zufrieden;
wir brauchens nur zur Not."

## Der weglose Weg

Es gibt Wegstrecken, die liegen gut sichtbar vor den Füßen. Sie erlauben einen weiten Blick nach vorn, was die Orientierung erleichtert. Manchmal verschwindet der Weg aber auch hinter einer Kurve oder einem Hügel. Oder er versteckt sich im Gestrüpp oder in einem Wald. Und manchmal scheint er sich einfach aufzulösen, ohne dass eine Fortsetzung erkennbar wäre. Es gibt keine Spur und keine Markierungen mehr. Die Wanderschaft führt ins Ungewisse, jeder Schritt ist ein Wagnis. Die Mystik spricht vom weglosen Weg. Er bietet keine Führung und keine Sicherheit. Er entsteht im Gehen und verliert sich gleich wieder.

Ich mag das nicht. Mir erscheint das zu unsicher. Ich brauche festen Boden unter den Füßen. Einen sicheren Grund. Orientierung. Verlässlichkeit. Sicherheit. Halt.

Und ich bin nicht allein damit. Die Suche nach Sicherheit zieht sich wie ein roter Faden durch die Menschheitsgeschichte. Sie hat den Fortschritt in Wissenschaft und Technik vorangetrieben, sie hat aber auch Katastrophen und Kriege ausgelöst. Heute zeigen sich die Grenzen des Machbaren immer deutlicher, und wesentlich sicherer ist das Leben trotz aller Fortschritte nicht geworden.

Der weglose Weg. Gelegentlich führt er über das Wasser. Unmögliches wird verlangt. Der Schritt in die Leere. Das Vertrauen auf eine Kraft, die Größer ist als alles, was der Verstand sich denken kann.

Eine alte Geschichte erzählt davon. Da verlässt Petrus auf dem sturmgepeitschten See Genezareth das schaukelnde Boot und tritt auf das offene Wasser hinaus. Zögernd und ängstlich geht er auf seinen Meister zu, der ihm entgegenkommt. Vorsichtig setzt er einen Fuß vor den anderen, immer den Meister vor Augen. An ihm kann er sich orientieren, an ihm kann er sich festhalten, ihm vertraut er. Doch dann erschreckt ihn ein starker Windstoß. Er kommt ins Wanken, verliert den Meister aus dem Blick und starrt auf die Wellen, die sich bedrohlich hoch auftürmen. Er weiß nicht, wie ihm geschieht, er ist verwirrt und verängstigt und beginnt zu sinken. In letzter Minute rettet ihn sein Meister.

Ich bin nicht so mutig wie Petrus. Doch ab und zu zwingen mich die Umstände, mein sicheres Boot zu verlassen und auf das Wasser hinauszutreten. Ich schaffe das ja auch, vielleicht einen, zwei oder drei Schritte. Aber bei der kleinsten Erschütterung beginne ich zu wanken, verliere die Orientierung und weiß nicht mehr weiter. Die Frage lautet dann: Wohin geht meine Aufmerksamkeit? Starre ich auf die Wellen, die mich bedrohen und erschüttern – oder sehe ich weiter?

Eine etwas andere Version dieser Geschichte kennt die buddhistische Tradition: Da wird von einem Jünger erzählt, der voller Begeisterung über einen rauschenden Fluss geht, um am anderen Ufer einer Predigt Buddhas zuzuhören. In der Mitte des Flusses wird ihm schlagartig bewusst, welch großer Gefahr er sich aussetzt. Er gerät in Panik und beginnt zu sinken, die Fluten drohen ihn zu verschlingen. Doch dann besinnt er sich erneut auf Buddha, was ihm augenblicklich Ruhe verschafft. Er kann sich aus eigenen Kräften aufraffen und geht weiter, ans andere Ufer.

Eine Übergangskrise, wie sie das Leben in unzähligen Variationen bereit hält. Der Mann wird in der Flussmitte von seiner Angst überfallen. Das Alte trägt nicht mehr, das Neue ist noch nicht da. Der Buddha-Jünger bewältigt diese Krise, indem er sich nicht auf die Gefahr fixiert, sondern sich auf das besinnt, was ihn zu tragen vermag. Was trägt mich über den Fluss des Lebens?

Einen ganz anderen Verlauf nimmt diese Geschichte bei einem indischen Meister, dem zu Ohren gekommen ist, dass der dümmste unter seinen Schülern zu Fuß über den Fluss gegangen sei. Er kann es kaum glauben, doch der Schüler bestätigt das Gerücht: „Ja, ich bin über den Fluss gewandert. Und das verdanke ich dir: Ich habe bei jedem Schritt übers Wasser deinen heiligen Namen angerufen, und das hat mich getragen." Der Meister ist verblüfft und beginnt zu grübeln, welch wunderbare Kraft wohl in seinem Namen verborgen sein mag, dass sogar ein dummer Schüler damit übers Wasser gehen kann. Er muss es gleich selber ausprobieren, geht an den Fluss und setzt ohne zu zögern den Fuß auf das Wasser. Dazu ruft er mit frommer Inbrunst: „Ich, ich, ich …" Und versinkt in den Fluten.

Wie gut kenne ich diese Geschichte: Wenn ich um mich kreise, gehe ich unter. Das „Ich, ich, ich" trägt nicht. Das Ego eröffnet keine Perspektive. Zu einem erfüllten Leben, so lehren die spirituellen Traditionen, gehört der Schritt über das Ego hinaus, die Hingabe an etwas Größeres. Ich muss mich dabei nicht aus dem Auge verlieren. Aber ich muss aufhören, nur mich zu sehen.

## Die Wolken sind nicht der Himmel

Mein Weltbild, ich gestehe es, ist ein egozentrisches: Ich sehe mich als Mittelpunkt und meine in meiner Verblendung, alles drehe sich nur um mich. Da ist mit Dringlichkeit meine ganz persönliche kopernikanische Wende angesagt. Denn solange ich mich selber als Mittelpunkt verstehe, verfehle ich die wahre Mitte.

Vor vielen hundert Jahren, so wird erzählt, malte ein König eine schwarze Linie an die Wand und bat dann seine Weisen zu sich: „Seht ihr eine Möglichkeit, diese Linie zu verkleinern, ohne dass ihr sie berührt?" Die Weisen waren verwirrt. Lange dachten sie nach, aber sie fanden keine Lösung. Bis schließlich einer hervortrat, den Pinsel in die Hand nahm und über die Linie des Königs eine zweite, wesentlich längere Linie zeichnete. Ohne dass er die Linie des Königs berührt hätte, wurde diese sichtbar kleiner.

Das ist die kopernikanische Wende, die ich meine: Wenn ich feststelle, dass ich mich zu wichtig nehme, muss ich mich nicht absichtlich klein machen. Aber ich muss wissen, dass es etwas Größeres gibt als mich. Ich muss die große Linie entdecken.

Darum geht es in der Religion. Religion ist Grenzüberschreitung. Sie eröffnet neue Horizonte. Sie führt in die Weite. Sie verweist auf den Himmel über mir. Dieser Himmel ist der unendliche, unverrückbare Hintergrund alles Seienden. Wolken kommen und gehen, Gestirne ziehen vorbei, der Himmel aber bleibt, leuchtend, ruhig und klar.

Von der Mystik lerne ich: Der Himmel ist nicht nur *über* mir, sondern auch *in* mir. Der tibetische Lama Sogyal Rinpoche sieht in ihm ein Bild für die „wahre Natur" des Menschen, für sein innerstes Wesen. Oft wird er aber verdeckt durch die Wolken des verwirrten Geistes. Wer ihn dann von unten betrachtet, hält diese Wolken für die einzige Wirklichkeit. Wer aber in ein Flugzeug steigt und die Wolkendecke durchbricht, entdeckt die grenzenlose Weite des klaren, blauen Himmels. Die Wolken sind aus dieser Perspektive bloß noch kleine, unbedeutende Gebilde, die keinen Bestand und keine große Bedeutung haben. Sogyal Rinpoche: „Wir sollten uns immer zu erinnern versuchen, dass die Wolken nicht der Himmel sind." Wolken entstehen und lösen sich wieder auf. Ihre Formen und Farben ändern sich. In ihrer Unbeständigkeit und Vergänglichkeit sind sie ein Sinnbild für das Leben selbst. Sie sind aber nicht mit dem Himmel gleichzusetzen. Die Wolken sind *am* Himmel, aber sie sind nicht *der* Himmel.

In seiner unendlichen Größe und Klarheit verweist der Himmel auf jene transzendente Dimension, welche das Auf und Ab der Zeiten überdauert. Er zeigt, dass es Wichtigeres und Größeres gibt als die eigenen kleinen Sorgen und Probleme. Er lädt mich ein, mich in seine Weite hinein zu verlieren, um mich neu zu finden. Er bildet die große Linie über der kleinen Linie meines Lebens.

Und zugleich versuche ich, mit beiden Beinen auf dem Boden zu stehen. Keine Himmelsschwärmerei, keine Himmelsstürmerei. Hier auf dieser Erde ist mein Platz, und nirgendwo sonst.

So gehe ich meine Wege im Bewusstsein des großen Himmelszeltes, das sich über mir ausspannt – und im Wissen, dass dieser Himmel sich auch in mir spiegelt. Und allmählich beginne ich zu verstehen: Ich bin nicht der Mittelpunkt. Die Welt dreht sich nicht um mich. Es gibt Dimensionen, die mich weit übersteigen. Das macht mich nicht klein, aber bescheiden. Meine persönliche Geschichte ist Teil einer unendlichen Geschichte. Ein Mosaikstein in einem Bild ohne Grenzen.

## Wüstenwanderungen

Viele Religionen haben ihren Ursprung in der Wüste. Und sie wissen vieles über Erfahrungen in der Einöde zu berichten. Die Wüste ist eine ganz eigene Welt, eine Landschaft von bizarrer Schönheit. Hier berühren sich die Extreme: Leben und Tod, Untergang und Rettung, Verdammung und Erlösung, tiefste Verzweiflung und höchstes Glück.

Fern von den Zentren und Zwängen der Zivilisation eröffnet die Wüste endlos weite Räume, in denen der Mensch sich verlieren kann und neu finden muss. In dieser kargen Randzone des Daseins fallen alle Masken und Verkleidungen ab. Zurück bleibt der nackte Mensch, ganz auf sich allein gestellt. Die Wüste hält ihm den Spiegel hin: Das bist du, wenn alles Äußere wegfällt.

Als das Christentum im 4. Jahrhundert zur Staatsreligion des römischen Reiches wurde und seine spirituelle Kraft zu verlieren drohte, zogen etliche Männer und Frauen in die ägyptische Wüste, um als Einsiedler in der Dürre die ursprüngliche Quelle neu zu entdecken. „Die Wüste ist rein und sie reinigt", erklärte einer von ihnen. Diese Wüstenväter und Wüstenmütter entwickelten eine Spiritualität, die dieser Klarheit entsprach. Von weither kamen die Menschen, um von ihnen zu lernen. Und umgekehrt lernten die Wüstenmönche von ihren Besuchern. Als ein Eremit einmal im Zorn einen Schüler vor die Tür gesetzt hatte, blieb dieser dort sitzen, bis der Eremit ihn entdeckte und zu ihm sprach: „Ich habe dir Unrecht getan. Von jetzt an bist du der Lehrer und ich bin dein Schüler."

In der Wüste sind Hunger und Durst allgegenwärtig. Die glühende Hitze des Tages zehrt aus, ebenso die Kälte der Nacht. Nahrung und Wasser sind oft schwer zu finden. Hunger und Durst sind zwei alte Bilder für die Sehnsucht des

Menschen nach einem ganzen, erfüllten und beglückenden Leben. Die amtlich verwalteten Religionen haben sich oft darauf beschränkt, Speisekarten zu verteilen und das Wasser als $H_2O$-Verbindung zu analysieren. Doch davon wird niemand satt, und kein Durst wird gelöscht. Wer hungert und dürstet, muss essen und trinken. Wo gibt es Nahrung, wo frisches Wasser?

Und zur Wüste gehört auch, dass wilde Tiere über jene herzufallen drohen, die sich in die Wildnis vorwagen – oder sich in sie verirrt haben. Die alten Mönche reden von Dämonen. Diese haben verschiedene Namen. Sie heißen Langeweile, Leere, Ungeduld, Überdruss, Enttäuschung, Wut, Trauer, Depression, Angst. Viele Geschichten aus der Bibel und aus der Überlieferung der Wüstenväter berichten davon. Und sie versprechen: Wer mit den Dämonen ringt, wird früher oder später auch den Engeln begegnen. Mehr noch: Es kann sein, dass sich im unheimlichen Gewand eines Dämons ein Engel versteckt hält.

Schließlich ist die Wüste kein Ort zum Bleiben. Jeder Stillstand wäre tödlich. Doch der Weg durch sie hindurch kann lange dauern. Das Volk Israel war volle vierzig Jahre unterwegs, bis es das Gelobte Land erreicht hatte. Ein Blick auf die Landkarte zeigt, dass dies eigentlich in wenigen Monaten möglich gewesen wäre. Warum diese vierzig harten, entbehrungsreichen Jahre? Brauchten die Menschen die lange Wüstenphase, um sich von alten Strukturen und Gewohnheiten zu lösen und sich auf das Neue, Unbekannte vorzubereiten?

Ich weiß es nicht. Aber ich verstehe, dass die Israeliten sich schwer taten damit und lieber in die Gefangenschaft nach Ägypten zurückgekehrt wären. Ich selber lasse meine „Komfortzonen“ auch nur ungern hinter mir, sogar wenn die Wüste eine ganz neue Freiheit verspricht.

Allerdings: Wer durch die Wüste hindurchgegangen ist, wird die dabei gemachten Erfahrungen nicht mehr missen wollen. Das Leben ist anders danach. Das Selbstverständliche ist dann nicht mehr so selbstverständlich, das Gewöhnliche nicht mehr so gewöhnlich. Wüstenzeiten schärfen die Aufmerksamkeit für das meistens übersehene Wunder des Alltäglichen. Die Erinnerung an die Wüste hilft, das Wesentliche vom Unwesentlichen zu unterscheiden.

## Drei Fragen an Bodhidharma

Meine Wanderungen durch die religiösen Landschaften führen immer wieder über die Grenzen der christlichen Tradition hinaus. Ich begegne anderen Religionen, Weltanschauungen und Philosophien und lerne von ihnen. Sie eröffnen mir neue Perspektiven.

Unterwegs habe ich einen Wanderer kennen gelernt, der mir zum Verständnis des Religiösen entscheidend geholfen hat, den Inder Bodhidharma. Er gilt als der 28. Nachfolger Buddhas und reiste im ausgehenden 5. Jahrhundert von Indien nach China, wo er zum ersten chinesischen Patriarchen des Zen wurde. Bodhidharmas Ruf verbreitete sich rasch und erreichte auch den chinesischen Kaiser Wu-ti. Dieser war selber ein Anhänger und Förderer des Buddhismus, hatte etliche Klöster gebaut und sich zum Mönch weihen lassen. Er ließ Bodhidharma zu sich rufen und führte ein Gespräch mit ihm, welches klar und direkt den mystischen Kern des Religiösen berührte.

Der Kaiser hatte sich nach Kräften für die buddhistische Lehre eingesetzt, geriet dabei aber in eine Falle, die auf jedem religiösen Weg lauert. Er war der Meinung, sich Verdienste erworben zu haben, und wollte von Bodhidharma mehr dazu wissen: „Ich habe Klöster gebaut und Mönche eingesetzt. Welches Verdienst habe ich mir damit erworben?" Das ist das alte Denken in den Kategorien von Anstrengung und Belohnung, Arbeit und Verdienst, das wie ein Giftpfeil tief bis ins Mark der Religionen eingedrungen ist.

Für Bodhidharma wäre dies jetzt *die* Gelegenheit gewesen, sich beim Kaiser beliebt zu machen. Und gewiss wäre es ihm ein Leichtes gewesen, einige Verdienste zu erwähnen, immerhin hatte der Kaiser doch einen beachtlichen Beitrag zur Verbreitung von Buddhas Lehre geleistet. Doch Bodhidharma ließ sich nicht bestechen. Er antwortete knapp und trocken: „Kein Verdienst!"

Man kann sich das verdutzte Gesicht des Kaisers vorstellen. Empfand er diese Antwort als Beleidigung? Oder begann er als geschulter Buddhist zu verstehen, dass es hier nichts zu verdienen, womöglich aber einiges zu verlieren gibt – angefangen bei der Gewissheit, sich sein Heil verdienen zu können?

Der Kaiser stellte eine zweite Frage: „Welches ist der höchste Sinn der Heiligen Wahrheit?" Er ging davon aus, dass es eine Wahrheit gibt, die heilig ist, und dass in ihr der höchste Sinn verborgen liegt. Das mag ja sein. Doch man spürt schon wieder des Kaisers Bemühen, etwas Greifbares in die Hände zu bekommen. Er möchte die Wahrheit besitzen.

Die Schriften der Religionen sind voll von Antworten auf diese Frage des Kaisers. Eine Erklärung türmt sich auf die andere. Und was machte Bodhidharma? Statt eine weitere Antwort aufzutischen, zerstörte er den ganzen Turm: „Offene Weite – nichts von heilig."

Mit einem einzigen Satz fegte er alle religiösen Theorien hinweg: Nichts von heilig! Es gibt nichts Heiliges, weil alles heilig ist. Das Heilige ist nicht an besondere Orte, Situationen oder Wahrheiten gebunden. Es ist überall und nirgends. Und es gibt keine Wahrheit, die sich in Begriffen und Dogmen fixieren lässt. Es gibt nur dieses Eine: Offene Weite.

Müsste ich definieren, was ich unter Religion verstehe, würde ich gerne auf diese fünf Worte zurückgreifen: Offene Weite – nichts von heilig! Damit, so scheint mir, ist alles Wesentliche gesagt. Alles Weitere ist Zugabe (und oftmals unnötig, wenn nicht sogar störend).

Der Kaiser schien verwirrt. War der Mann ihm gegenüber nicht ganz richtig im Kopf – oder war er erleuchtet (was womöglich dasselbe ist)?

Er stellte eine dritte Frage: „Wer sitzt mir gegenüber?"

Die dritte Chance für Bodhidharma. Jetzt hätte er voller Stolz darauf hinweisen können, dass er der 28. Nachfolger Buddhas sei und dessen Lehre von Indien nach China gebracht habe. Doch auch diesmal brüskierte er den Kaiser mit seiner Antwort: „Ich weiß es nicht."

Das war kein Witz und keine Provokation. Bodhidharma meinte es ernst. Er stand mit leeren Händen vor Kaiser Wu-ti. Er war gewissermaßen nackt und hatte nichts vorzuweisen. Er hatte alles hinter sich gelassen, auch sich selber.

Er war bereit, einzutreten in die Offene Weite.

Er war frei.

# 2

# Immer ganz am Anfang

## Die Weisheit des Nicht-Wissens

*„Wahrlich, Abba Josef hat den Weg gefunden,
denn er hat gesagt: Ich weiß es nicht."*

Aus der Überlieferung der Wüstenväter

## Vom Nichtwissen – zum Nichtwissen

Heute ist der erste Tag vom Rest meines Lebens. Der erste Tag! Wo ich doch schon beinahe zwanzigtausend Tage hinter mir habe …

Und trotzdem: Der erste Tag. Heute. Aber auch morgen. Und übermorgen. Jeder Tag ist der erste Tag. Mit jedem Tag bricht etwas Neues an. Jeden Morgen kann ich einen neuen Anfang machen. Mein Leben lang.

Allerdings ist mir das nur selten bewusst. Meistens gehe ich davon aus, dass die Zeit der Anfänge vorbei ist und ich langsam, aber kontinuierlich auf das Ende zugehe. So kann man es natürlich auch sehen. Aber es ist eine Täuschung. Das Leben entfaltet sich in jedem Augenblick neu. Ich fange immer neu an. Auch wenn ich es nicht bemerke.

Jederzeit kann ich eine neue Richtung einschlagen. Einen anderen Weg wählen. Ich kann aber auch auf der alten Straße weiter gehen und versuchen, diese mit neuen Augen zu sehen. Dann erscheint das vermeintlich Bekannte und Vertraute in einem neuen Licht. Das kann schön sein, aber auch erschreckend, und manchmal ist es beides zugleich. Alte Bilder zerbrechen. Gewissheiten lösen sich auf. Antworten werden fragwürdig.

Eben noch meinte ich, einiges zu wissen, mich auszukennen, Sicherheiten zu „besitzen“. Doch jetzt, als Anfänger, stelle ich fest, dass dies eine Täuschung war: Ich weiß gar nichts. Ich stehe mit leeren Händen da. Ich muss, kann und darf die Welt neu entdecken.

Als Anfänger lerne ich das Staunen. All mein Wissen, alle meine Gewissheiten, alle meine Überzeugungen – sie verlaufen ins Leere, sie verschwinden im Meer ungelöster Fragen. Und ich stehe vor einer rätselhaften Welt voller Wunder.

In der Mystik bleibe ich immer ein Anfänger. Sie führt

mich vom Nichtwissen – zum Nichtwissen. Das eine Nichtwissen steht am Anfang der Reise, wo ich buchstäblich nichts weiß und mich auf unbekanntes Gebiet einlasse. Unterwegs eigne ich mir einiges an Wissen an, doch kaum meine ich, angekommen zu sein, zerrinnt es mir in der Hand, und ich stehe erneut vor dem Nichts. „Semper incipe", heißt es in einer alten mystischen Schrift: „Fang immer wieder an."

Hätte ich die Reise also gar nicht antreten müssen? Wozu diesen Weg gehen, wenn ich am Schluss wieder am Anfang stehe? Es gibt nur einen Grund: Das Nichtwissen nach der Reise ist ein anderes als jenes zuvor. Im zweiten Nichtwissen ist die Erfahrung des Wissens eingeschlossen. Es macht einen großen Unterschied, ob ich nichts weiß, weil ich mich gar nie bemüht habe, oder ob ich nichts weiß, nachdem ich Wissen gewonnen und wieder verloren habe. Das erste Nichtwissen ist unbedarft, das zweite ein Tor zum Geheimnis.

Anfängerinnen und Anfänger wissen und erfahren es immer wieder: Das Leben ist ein Geheimnis. Und mit jedem neuen Anfang wird dieses Geheimnis noch etwas tiefer und größer. Man kann sich in ihm verlieren. Es kann aber auch zur Heimat werden (im Wort Ge-heim-nis steckt ja bereits das „Heim"). Der Religionsphilosoph Romano Guardini berichtet davon: „Je älter ich werde, desto größer wird das Geheimnis in allem. Aber auch etwas anderes geschieht: Das Geheimnis wird bewohnbar."

Was heißt das konkret? Ich weiß es nicht. Noch nicht. Schließlich stehe ich ganz am Anfang. Heute ist der erste Tag vom Rest meines Lebens, und ich habe noch einiges zu lernen.

## Mit Augustinus am Meer

Augustinus, der große Lehrer der alten Kirche, wurde als Zweiunddreißigjähriger von einem Kind bekehrt. Er war damals ein erfolgreicher Lehrer der Rhetorik und führte ansonsten ein ziemlich ausschweifendes Leben. Doch er war zutiefst unglücklich dabei. Er wusste, dass sein Leben so nicht weitergehen konnte. In ihm loderte eine große Sehnsucht. Er war voller Unruhe, bereit zum Aufbruch.

Eines Nachmittags legte er sich im Garten seines Hauses unter einen Feigenbaum. Er konnte die Tränen nicht zurückhalten. Er war verzweifelt und sah keinen Weg mehr vor sich. Da hörte er vom Nachbarhaus her ein singendes Kind, das immer die gleichen zwei Worte wiederholte: „Tolle, lege – Nimm und lies." Er stand auf, nahm seine Bibel zur Hand, schlug sie auf und las die erstbeste Stelle. Der Text traf ihn mitten ins Herz. Das war der Moment seines Erwachens. Er gab seinen Beruf auf, verschenkte seinen Besitz, ließ sich taufen und begann ein neues Leben als Mann der Kirche.

War diese kindliche Stimme vom Nachbarhaus das Echo einer inneren Stimme, die ihn rief und auf den Weg führte?

Die Jahre vergingen, Augustinus wurde Priester, Bischof und schließlich der einflussreichste lateinische Kirchenlehrer des christlichen Altertums. Er hinterließ 113 Schriften, 218 Briefe und 500 Predigten.

Es wird berichtet, wie Augustinus, schon ein bedeutender Theologe, eines Tages am Meer entlang spazieren ging, tief in seine Gedanken versunken. Begleitet vom sanften Rauschen der Wellen grübelte er, ob und wie das Wesen Gottes zu erkennen wäre.

Da traf er ein Kind, das mit einer Muschel Wasser aus dem Meer in eine kleine Grube schüttete. „Was tust du da?", fragte er freundlich. „Ich schöpfe das Meer aus“, antwortete das Kind.

Augustinus lächelte. Darauf das Kind: „Es wird mir eher gelingen, mit meiner Muschel das Meer auszuschöpfen, als dir mit deinem Nachdenken, das Wesen Gottes zu erkennen.“

Das gute Kind – es war wohl Augustinus selber, der so mit sich sprach. Sein inneres Kind. Auf eine fast rührende Weise zeigt diese Legende, dass kindliche Unschuld näher bei der Wahrheit liegen kann als alle kluge Gelehrsamkeit.

Augustinus, der selber einen unehelichen Sohn hatte, schien gerne mit Kindern zusammen zu sein, wenigstens für ein paar Momente: „Wenn wir mit ihrem Herzen verbunden sind, wird uns selbst das Alte neu erscheinen. Während sie uns lauschen, halten sie gleichsam Zwiesprache mit unserem Inneren – und während wir sie lehren, lernen wir gleichsam in ihnen mit.“

Das Kind im Herzen eröffnete dem gelehrten Augustinus neue Perspektiven: Das scheinbar Bekannte, aber vielleicht nie wirklich Erkannte zeigte sich von ganz ungewohnten Seiten. Manche Selbstverständlichkeit war plötzlich ein Rätsel, ein Geheimnis, ein Wunder.

Augustinus verstand es, mit den Augen eines Kindes die Welt neu zu entdecken: „Es ist geradeso, wie wenn wir miteinander einen Ausflug machen und dabei dem anderen das Schöne zeigen, das sich vor unseren Augen in Stadt oder Landschaft dehnt. Wir mögen früher noch so oft vorübergegangen sein, ohne besonders berührt zu werden – jetzt, da wir es dem anderen zeigen, dem es noch fremd ist, wird an seinem frischen Erlebnis auch in uns selbst der Genuss des Schönen neu.“

Das Kind verweist auf die Möglichkeit, die Schranken der eigenen Wahrnehmung zu überschreiten und jenseits der alten Muster und Konzepte die Wirklichkeit neu zu entdecken. Augustinus brachte diesen Prozess auf eine Formel, die beinahe zen-buddhistisch anmutet: „Du musst leer werden dessen, womit du gefüllt bist, auf dass du gefüllt werden kannst mit dem, dessen du leer bist.“

Dieses Leerwerden muss Augustinus selber schwer gefallen sein. Er war ein Rechthaber, ertrug keinen Widerspruch und bekämpfte abweichende Meinungen. Aber das Kind in ihm ließ ihm keine Ruhe. Es stachelte ihn an, weiterzugehen, weiterzusuchen. Mit unruhigem Herzen und einer glühenden Liebe zur Weisheit.

## Ganz am Anfang

Der Zen-Lehrer Karlfried Graf Dürckheim war schon über achtzig Jahre alt und beinahe blind, als ich ihn für ein Interview in seinem kleinen, dunklen Häuschen im Schwarzwald besuchte. Gegen Ende unseres Gesprächs fragte ich ihn, wie er mit dem Alter und dem nahenden Tod zurechtkomme. „Ich fühle mich wie ganz am Anfang", meinte er. Und nach einer Pause fügte er hinzu: „Auch wenn man sich intensiv darum bemüht – beim Versuch, mit seinem innersten Wesen eins zu werden, ist man immer am Anfang."

Da saß ein alter Mann, fast blind, und schrieb mir mit zittriger Hand eine Widmung in ein Buch. Ein Greis am Ende seines Lebens. Und nach seinen Worten doch am Anfang. Ein Anfänger wie ich. Mit einem kleinen Unterschied allerdings: Dürckheim verfügte über einen großen Reichtum an Erfahrungen und Erkenntnissen, den er mit der offenen, unvoreingenommenen Haltung eines Anfängers zu verbinden suchte.

Üblicherweise lässt sich niemand gerne als Anfänger bezeichnen. Anfänger werden bedauert oder belächelt, je nachdem. Ihnen scheint etwas zu fehlen. Der Anfang gilt als bloße Vorstufe zum „Eigentlichen" (was auch immer das sein mag) und hat keinen Wert an sich.

Doch jedem Anfang wohnt auch „ein Zauber inne", wie Hermann Hesse sagt. Noch ist nichts festgelegt, noch gibt es viele Möglichkeiten. Anfänger sehen die Wirklichkeit nicht durch die Brille ihrer Vorstellungen und Meinungen; Routine und Gewohnheit haben sie noch nicht im Griff. Sie sind offen für das Unbekannte.

Während ich hier sitze und schreibe, sehe ich, wie der Abendhimmel sich rot einfärbt. Sehe ich es wirklich, oder begnüge ich mich mit einem oberflächlichen Eindruck, in der irrtümlichen Annahme, dies schon oft gesehen zu haben? Sehe ich die momentane Wolkenformation in ihrer einmaligen, unwiederbringlichen Schönheit? Oder hake ich dieses kleine Wunder ab, indem ich es etikettiere: Abendrot, Wolken, schon hundertmal gesehen, fertig? Ich merke schon: Wenn ich nicht ganz bewusst hinschaue, entgeht mir das einzigartige Schauspiel dieses Abendhimmels, der sich nur hier und heute so zeigt.

Der Anfängergeist gleicht einem kleinen Kind, das die Welt entdeckt. Es staunt, wundert und freut sich. Jesus, der sich immer wieder an den Experten und Besserwissern rieb, hatte eine besondere Vorliebe für Kinder. Er segnete sie und empfahl den Erwachsenen, zu werden wie sie – „denn ihrer ist das Himmelreich". Und dann spitzte er diese Botschaft noch zu: „Der alte Mann in seinen Tagen wird nicht zögern, ein kleines Kind von sieben Tagen zu fragen, wo der Ort des Lebens sei, und er wird leben" (Thomas-Evangelium). Man stelle sich vor: Ein alter Mann lässt sich von einem sieben Tage alten Kind erklären, um was es im Leben geht!

An anderer Stelle preist Jesus seinen himmlischen Vater, weil dieser die Wahrheit „den Weisen und Klugen verborgen, den Unmündigen aber offenbart" hat. Muss die Wahrheit vor dem planenden und berechnenden Zugriff der Weisen und Klugen geschützt werden? Sind es allein die Unmündigen, die spontan verstehen, worum es geht, weil sie keine Vorurteile und nichts zu verlieren haben? Fragen über Fragen.

Jedenfalls hoffe ich, in dieser Hinsicht den Unmündigen nahe zu sein, von einem kleinen Kind etwas über den Ort des Lebens zu erfahren und wie der betagte Graf Dürckheim am Ende meiner Tage sagen zu können: „Ich fühle mich wie ganz am Anfang."

## Von Kaisern und Kindern

Akbar, der große indische Kaiser der Mogul-Dynastie, rief einmal seine neun Weisen zu sich und schimpfte sie aus: „Ihr geltet als Weise, doch bis heute habe ich gar nichts von euch gelernt. Wozu seid ihr eigentlich gut?"

Da begann ein Junge, der mit einem der Weisen gekommen war, laut zu lachen. Das ärgerte den Kaiser: „Was gibt es da zu lachen? So benimmt man sich nicht am königlichen Hof!" Der Junge antwortete: „Ich lache, weil ich weiß, warum dir die neun Weisen nichts genutzt haben." „Dann sag es mir", brummte der Kaiser.

Der Junge bat ihn höflich, vom Thron herabzusteigen und sich auf den Boden zu setzen. Der Kaiser schaute irritiert um sich. Dann erhob er sich, stieg vom Thron und setzte sich auf den Boden. Flink bestieg der Junge den Thron und sagte zum Kaiser: „Und jetzt stelle deine Fragen wie ein Jünger, nicht wie ein Herr."

Der Kaiser war verwirrt, doch auf einmal begriff er: Er hatte von den neun Weisen nichts gelernt, weil er nicht bereit gewesen war, wirklich auf sie zu hören. Auf seinem Thron war er der Herr und gewohnt zu befehlen, aber unfähig zuzuhören. Erst jetzt, auf dem Boden, wurde er zum Schüler und war bereit zu lernen.

„Frag jetzt als Schüler, nicht als Kaiser!", wiederholte der Junge. Akbar schwieg, berührte den Fuss des Knaben und meinte leise: „Es gibt keine Frage mehr. Allein dadurch, dass ich hier zu deinen Füßen sitze, ist mir vieles klar geworden."

Eine erstaunliche Geschichte. Wer steigt schon freiwillig von seinem Thron herunter, diesem Symbol von Macht und Reichtum, Erfolg und Ansehen? Der Kaiser würde doch jeden, der ihm den Thron streitig macht, mit aller Kraft bekämpfen. Doch ausgerechnet ein lachendes Kind schafft es, ihn zu diesem Abstieg zu bewegen! Der mächtige Mann setzt sich einem Jungen zu Füßen. Dieser Positionswechsel verändert ihn radikal. Er ist nicht mehr der Große, Mächtige und Allwissende, sondern ein einfacher Schüler, unten am Boden. Jetzt gehen ihm die Augen auf. Er sieht alles ganz neu. Er beginnt zu verstehen.

Ich bin der Kaiser. Und ich bin das Kind. Als Erwachsener heute entschieden mehr Kaiser als Kind. Manchmal fast nur noch Kaiser und nicht mehr Kind. Doch das Kind ist da. Es spricht, es schreit, es lacht. Ich versuche wegzuhören. Seine Äußerungen erscheinen mir, dem Kaiser, unvernünftig und unrealistisch. Doch das Kind wird nicht lockerlassen. Bis ich vom Thron meiner Überzeugungen, Urteile und Vorurteile hinuntersteige und ihm zuhöre.

Als Kaiser bin ich aber auch in Versuchung, das Kind, diesen aufmüpfigen Störenfried, zum Schweigen zu bringen. Zwei alte Geschichten erzählen davon. Als Moses zur Welt kam, wollte der tyrannische Pharao alle Säuglinge der Israeliten umbringen lassen, weil er seine Macht bedroht sah. Moses überlebte in einem Binsenkorb auf dem Nil und wurde durch das Mitleid einer Prinzessin gerettet. Mit ihm begann dann ein neues Kapitel in der Geschichte der Israeliten: Er befreite sein Volk aus der ägyptischen Sklaverei und wurde zum bedeutendsten jüdischen Führer und Gesetzgeber. Der Pharao aber geriet in Vergessenheit.

Ein gutes Jahrtausend später war es wiederum ein Kleinkind, das einen Mächtigen in Angst und Schrecken versetzte: König Herodes fürchtete, dass ihm der neugeborene „König der Juden“ seine Herrschaft streitig machen könnte. Er ließ deshalb in Bethlehem alle männlichen Kinder bis zum Alter von zwei Jahren umbringen. Josef und Maria gelang es, das Jesuskind in Ägypten in Sicherheit zu bringen. Herodes spielt in der Geschichte die schäbige Rolle eines Kindermörders, mit Jesus aber brach eine neue Zeit an.

Kaiser und Kind: Beides lebt in mir. Daraus erwachsen Spannungen. Ich muss immer neu entscheiden, wem ich folgen will. Im Zweifelsfall bin ich wohl eher der Kaiser. Doch von Akbar kann ich lernen, vom Thron meiner Überheblichkeit herabzusteigen und zu Füßen eines Kindes die Welt neu zu entdecken.

## Ohne ein Warum

Der Dichter D. H. Lawrence ging einmal mit einem Kind an der Hand durch den Garten. „Warum sind die Bäume grün?“, wollte das Kind wissen. Lawrence begann zu erklären und sprach ausführlich vom Sonnenlicht, das von den Pflanzen gespeichert und in Blattgrün verwandelt werde.

Doch das Kind schien nicht zufrieden. Es fragte weiter. Lawrence überlegte lange und meinte schließlich: „Die Bäume sind grün, weil sie grün sind.“

Jetzt schaute das Kind erstaunt zu ihm auf: „Das gefällt mir. Die Leute geben sonst immer so komplizierte Erklärungen. Du sagst es einfach: Die Bäume sind grün, weil sie grün sind.“

Ob diese kleine Episode sich wirklich so zugetragen hat, weiß ich nicht. Mir gefällt sie. Sie verweist auf das Geheimnisvolle, das üblicherweise schnell wegerklärt wird. Warum Bäume grün sind, lässt sich zwar mit Hinweis auf die komplexen biochemischen Zusammenhänge einigermaßen genau erklären. Für das Kind aber ist die Frage damit nicht wirklich beantwortet. Es steht staunend vor einem Wunder, für das es letztlich keine Erklärung gibt. Und die Welt ist voller Wunder. „Fragst du ein Kind, was ein Wunder sei, dann wird es erstaunt zurückfragen: Was in dieser großen Welt ist denn kein Wunder?“ (James Dillet Freeman)

D. H. Lawrence muss das noch rechtzeitig gemerkt haben. Er war drauf und dran, mit seinen Erklärungen dem Baum seinen Zauber zu nehmen. Doch das Kind ließ es nicht zu. Es wollte mehr. Es wollte das Geheimnis der grünen Bäume kennen lernen. Als Lawrence das verstand, gab er eine Antwort, die nach der Logik des Verstandes keine ist – nach der Logik des Herzens aber schon.

Staunend stehe ich mit dem Dichter und dem Kind vor einer Welt, die ich in ihrer geheimnisvollen Vielschichtigkeit nicht verstehe. Warum all das Schöne, warum all das Schreckliche? Warum ich, warum du? Warum hier, warum heute? Warum so, warum nicht anders? Es gibt unzählig viele Erklärungen, aber noch viel mehr offene Fragen.

Antworten kommen und gehen. Die Fragen bleiben. Es gibt keine ewigen Antworten, aber ewige Fragen. Und wer lange genug fragt, kommt irgend einmal zur Feststellung: Die Dinge sind, wie sie sind. *Warum* sie so sind, wissen wir nicht.

So bleibt auch jene letzte Frage nach dem Warum des Lebens unbeantwortet, weil unbeantwortbar. Meister Eckhart sagt einmal: „Wer das Leben fragte tausend Jahre lang: ‚Warum lebst du?'-könnte es antworten, es spräche nichts anderes als: ‚Ich lebe darum, dass ich lebe.' Das kommt daher, weil das Leben aus seinem eigenen Grunde lebt und aus seinem Eigenen quillt; darum lebt es ohne Warum."

Mit diesem „Ohne Warum" durchbricht Eckhart das Wechselspiel von Frage und Antwort und schafft Raum für das Unbeantwortbare. Er würgt die Frage nicht ab. Er lässt sie offen. Aus Respekt vor dem Geheimnis des Lebens, das tiefer ist als all unser Verstehen.

Vielleicht braucht es einen gewissen Mut, mit diesem „Ohne Warum" zu leben. Auf Antworten und Erklärungen lässt sich eine Weile bequem ausruhen, doch auf die Dauer tragen sie nicht. Das „Ohne Warum" stachelt an, weiterzugehen – und zwar ohne eine Lösung zu erwarten. Es gibt sie nicht. Das Leben bleibt ein Geheimnis. Der US-amerikanische Schriftsteller George Santayana bringt es auf den Punkt: „Der Mensch ist nicht gemacht, um das Leben zu verstehen, sondern um es zu leben."

3

# Die Schönheit der kleinen Dinge

## Über das Außergewöhnliche im Gewöhnlichen

*„Wenn du etwas genau und lange ansiehst, dann entdeckst du Dinge, die für die anderen unsichtbar sind. Die meisten Menschen machen den Fehler, dass sie versuchen, etwas ganz Besonderes zu sehen, wo es doch nur darum geht, das Offensichtliche wirklich zu entdecken."*

Rabbi Shelomo ben Yitzhaki

## Die Botschaft des Stammlers

Schlagfertigkeit ist nicht gerade meine Stärke. Oft fällt mir erst im nachhinein ein, was ich in einer bestimmten Situation hätte sagen können, sagen müssen. Was ich jeweils ärgerlich finde: Warum ist mir das richtige Argument nicht zur rechten Zeit eingefallen?

Kürzlich bin ich einem Leidensgenossen begegnet, der sich auch etwas schwer tat damit. Allerdings nicht wegen mangelnder Schlagfertigkeit, sondern wegen eines Sprachfehlers. Er heißt Notker, war Benediktinermönch und lebte im 9. Jahrhundert in St. Gallen. Weil er stotterte, bekam er den lateinischen Beinamen Balbulus, „der Stammler". Doch Notker ließ sich dadurch nicht klein machen: Was er nicht aussprechen konnte, hielt er in unzähligen Gedichten und Hymnen fest, die er alle selber vertonte. Sobald er sang, begann seine zerhackte Sprache zu fließen, wurde klar und rein. Der Stammler wurde zu einem der bekanntesten Dichterkomponisten seiner Zeit und trug maßgeblich zur Verbreitung des Gregorianischen Gesangs im deutschen Sprachraum bei.

Wenn Notker auch nicht reden konnte, so konnte er umso besser zuhören. Viele Menschen vertrauten ihm ihre Sorgen und Probleme an. Sogar der Kaiser, Karl der Dicke, suchte gelegentlich seinen Rat.

Als wieder einmal ein Bote mit einem Brief des Kaisers im Benediktinerkloster St. Gallen eintraf, war Notker gerade im Garten am Jäten. Er begrüßte den Boten, bat ihn zu Tisch und verzog sich dann wieder in den Klostergarten: „Lass mir mit der Antwort etwas Zeit, ich habe noch zu tun." Bis spät am Abend hackte er Unkraut aus, reinigte die Gartenbeete und die kleinen Wege dazwischen. Dann lockerte er die braune Erde und pflückte die Steine heraus, die da und dort an die Oberfläche kamen. Es war schon dunkel, als er sich in seine Zelle zurückzog.

Am zweiten Tag begann Notker, ganz sorgfältig die jungen Pflänzchen zu setzen. Der Bote stand daneben und schaute ihm voller Ungeduld zu: „Mach vorwärts, Balbulus, du hast jetzt Wichtigeres zu tun, der Kaiser wartet!" Doch der Bote musste warten. Notker ließ sich nicht aus der Ruhe bringen und kümmerte sich allein um seine Setzlinge. Bis er jedem den richtigen Platz zugewiesen hatte, wurde es wieder Abend.

Auch am dritten Tag ging der Stammler in den Garten. Die frischen Pflanzen brauchten Wasser, und er begann sie ausgiebig zu gießen. In gebückter Haltung schleppte Notker einen Kübel nach dem anderen vom Brunnen zu den Beeten. Der Bote ging derweilen auf und ab, und als er schließlich sah, dass auch diese Arbeit den Mönch noch lange beanspruchen würde, stampfte er wütend auf den Boden und rief: „Jetzt kehre ich zum Kaiser zurück und berichte ihm, dass du deine Zeit im Garten vergeudest, statt seinen Brief zu beantworten." Notker schaute kurz auf und entgegnete nur: „Ja, genau das sage ihm. Das ist auch meine Botschaft an ihn."

Als der Bote dem Kaiser berichtete, was er im St. Galler Kloster erlebt hatte, wurde Karl der Dicke still. Nach einer Weile huschte ein Lächeln über sein Gesicht, und er flüsterte: „Stammler, ich habe deine Botschaft verstanden. Ich werde versuchen, mit den Menschen ebenso behutsam und geduldig umzugehen wie du mit deinen Pflanzen."

Die Welt würde heute wohl anders aussehen, wenn in den Regierungspalästen mehr Leute vom (inneren!) Format eines Karl des Dicken sitzen würden, die sich nicht von machthungrigen Strategen, sondern von Stammlern wie Notker beraten ließen! Doch das war schon früher die Ausnahme, und es ist wohl kein Zufall, dass Notker zwar selig, aber nie heilig gesprochen wurde: Was soll man auch anfangen mit einem, der lieber singt als argumentiert und dem sein Garten wichtiger ist als ein mächtiger Kaiser?

So erkläre ich, der ungeschickte Argumentierer, Notker, den Stammler, zu meinem ganz persönlichen Heiligen. Er zeigt mir, dass es Wichtigeres gibt, als mit Argumenten um sich zu schlagen. Die kleinen Pflanzen – um sie gilt es Sorge zu tragen.

## Eine Liebeserklärung an das Gewöhnliche

Tagein, tagaus gibt es viele kleine Dinge zu erledigen: Zähne putzen, Altpapier bündeln, Geschirr spülen, Rechnungen zahlen, Pflanzen gießen, Termine vereinbaren, Schuhe schnüren, Formulare ausfüllen, Kaffee kochen, Brot kaufen, Dateien sichern, die Toilette putzen. Gemeinsam ist all diesen Dingen, dass ich ihnen keine Bedeutung beimesse und deshalb versuche, sie so schnell als möglich hinter mich zu bringen. Das eigentliche Leben, so meine ebenso unbewusste wie naive Annahme, beginnt erst, wenn alles erledigt ist.

Da kann ich allerdings noch lange warten. Denn des Erledigens ist kein Ende. Immer wieder gibt es etwas zu tun. Die kleinen und Größeren Pflichten des Alltags hören nie auf. Und die Gefahr besteht, dass ich von früh bis spät erledige, bis ich selber ganz erledigt bin. Das ganze Leben wird so zu einer Angelegenheit, die ich – möglichst schnell? – erledige, um dann endlich …

Ja, was eigentlich? Wenn ich mir das überlege, weiß ich es nicht einmal. Wäre ich glücklich und erfüllt, wenn einmal alles erledigt wäre? Oder würde ich mich bloß langweilen?

„Erledigen" heißt ursprünglich „frei machen", „in Freiheit setzen". Doch frei wovon – und wofür? Ist es nicht gerade die irrige Meinung, alles erledigen zu müssen, die mir Fesseln auferlegt und mich daran hindert, mich auf das Abenteuer des gegenwärtigen Augenblicks einzulassen?

Je länger ich darüber nachdenke, umso deutlicher wird mir, wie trügerisch das Ganze ist: Mein Erledigungswahn ist Ausdruck eines (alten) Denkens, das alles von der Zukunft erwartet und nichts von der Gegenwart. Dabei ist die Zukunft nicht mehr als ein luftiges Phantasiegebilde. Wirklich ist allein dieser Augenblick *jetzt*. Ihn kann ich nicht erledigen – aber ich kann mich daran hindern, ihn voll und ganz zu erleben. Das geht –

leider – ganz einfach und beinahe automatisch: Ich bin in Gedanken dort, wo ich hinwill, aber nicht da, wo ich wirklich bin.

Das wirksamste Heilmittel für meinen Erledigungswahn ist die Konzentration auf den gegenwärtigen Moment – so armselig und bedeutungslos dieser mir auch erscheinen mag. Keine leichte Aufgabe, vielmehr eine große Herausforderung. So zu leben, als ob es keine Vergangenheit und keine Zukunft gäbe, sondern nur diesen einen Augenblick *jetzt*. Ob beim Zähne putzen, beim Ausfüllen von langweiligen Formularen oder beim Reinigen der Toilette: Nur dieser eine Augenblick zählt. Entledigt von allem Erledigungswahn.

Als ein Zen-Mönch seinen Meister bat, ihn zu unterweisen, sagte dieser: „Hast du schon gefrühstückt?“ „Ja“, antwortete der Mönch. Darauf der Meister: „Dann geh und wasch dein Geschirr!“ Dabei sei der Mönch zur Erleuchtung gekommen.

Und ich lerne: Wo ich bin und was ich tue, ist nicht so wichtig. Wichtig ist, dass ich mit ganzem Herzen dabei bin und nicht bloß „erledige“. Dass ich diesen einen Moment zu schätzen weiß. Dass ich hier bleibe und nicht gedanklich in eine imaginäre Zukunft entfliehe.

Das Wesentliche liegt nicht vor mir. Es ist hier. In der Gegenwart. Immer und überall. Wenn mir das bewusst wird, ändert sich einiges. Was ich üblicherweise als selbstverständlich hinnehme, erweist sich als kostbares Geschenk. Die Langeweile des oberflächlichen Blicks weicht dem Staunen und einer tiefen Dankbarkeit.

Das ist Spiritualität: Eine Liebeserklärung an das ganz Gewöhnliche.

## Geschirr spülen

Jede Handlung, sagt Graf Dürckheim, hat einen doppelten Sinn: Einen äußeren, der sich im Resultat manifestiert, das dabei erzielt wird. Und einen inneren, der sich darin zeigt, *wie* die Handlung vollzogen wird: „Jede Handlung in der Welt kann durch die Haltung, in der sie vollzogen wird, dem Fortschreiten auf dem Weg zum wahren Selbst dienlich sein."

Eine anregende Vorstellung: Was immer ich auch tue, und mag es noch so banal sein, kann mich auf meinem inneren Weg weiter bringen – vorausgesetzt, ich tue es in der richtigen Haltung. Und was ist die richtige Haltung? Die „geformte Durchlässigkeit" für das „in unserem Wesen anwesende Sein", meint Dürckheim. Das klingt vielleicht etwas abgehoben. Konkret geht es darum, dass ich mir mit meinem Eigenwillen nicht im Weg stehe. Denn üblicherweise *will* ich etwas und bin ganz auf dieses Ziel fixiert – und wenn ich es erreiche, bin ich oft gar nicht so glücklich dabei. „Geformte Durchlässigkeit" könnte heißen: Ich trete einen Schritt zurück und *lasse* geschehen, was durch mich hindurch geschieht. Es geht nicht um mich, sondern um etwas Größeres, das durch mich zum Ausdruck kommen will.

Auf körperlicher Ebene ist dabei der „rechte Schwerpunkt" entscheidend, der nach Dürckheim im Bauchraum (Hara) liegt. Habe ich bei einer Handlung nur das zu erreichende Ziel vor Augen, verlagert sich der Schwerpunkt nach oben, in den Kopf, und ich bin nicht mehr bei der Sache. Das ist bei vielen Handlungen der Fall, bestimmt aber dann, wenn mich eine Arbeit über Gebühr stresst und ermüdet. Dann ist es Zeit, den Schwerpunkt bewusst in die Körpermitte zu verlagern, zu entspannen und die richtige Haltung einzuüben.

Es fragte einmal ein Schüler seinen Lehrer, Rabbi Shmelke von Nikolsburg, wie er Gott am besten dienen könne. Dieser schickte ihn zu Abraham Hayyim, einem anderen Rabbi, der ein Gasthaus führte: Das sei ein weiser und heiliger Mann. Der Schüler ging zu diesem Gasthaus, nahm ein Zimmer und blieb mehrere Wochen. Er gab sich alle Mühe, dem Geheimnis dieses heiligen Mannes auf die Spur zu kommen. Aber ihm fiel nichts Besonderes auf. Er sah einen ganz gewöhnlichen Menschen, der all die ganz gewöhnlichen Arbeiten verrichtete, die in einem Gasthaus so anfallen.

Schließlich wollte er es wissen und fragte Rabbi Abraham, was er denn eigentlich den ganzen Tag über so tue.

„Meine wichtigste Aufgabe“, antwortete dieser, „ist, das Geschirr immer sauber zu spülen. Ich sorge dafür, dass auf den Tellern und Tassen keine Spuren zurückbleiben. Und ich putze die Töpfe und Pfannen, damit sie nicht rosten.“

„Ist das alles?“, fragte der Schüler erstaunt.

„Ja, das ist alles“, antwortete der Gastwirt.

Der Schüler kehrte etwas enttäuscht zu seinem Lehrer zurück und erzählte ihm, was er erlebt hatte. Darauf sagte ihm Rabbi Shmelke: „Jetzt weißt du alles, was du wissen musst.“

Der Schüler hatte in seiner Vorstellung natürlich mehr erwartet: Etwas „Spirituelles“ – und nicht bloß einen Gastwirt, der Geschirr spült. Doch gerade diese Erwartung war das große Hindernis. Der Schüler vermochte nicht zu erkennen, *wie* Rabbi Abraham diese Arbeit verrichtete. Wie er die Teller, Tassen und Töpfe behandelte, als wären sie heilige Gegenstände. Wie seine Handgriffe zu einem feierlichen Ritual wurden und der ganze Abwasch zu einer Meditation: geformte Durchlässigkeit in der Gaststube. Rabbi Abraham hatte mit Worten nichts mehr zu lehren, weil er selber zur Lehre geworden war.

Solch begnadete Lehrerinnen und Lehrer sind auch heute anzutreffen. Meister des Alltags, die ganz einfach tun, was zu tun ist. Vor ihnen kann ich mich nur verbeugen.

## Die Tür, meine Lehrerin

Der amerikanische Trappistenmönch und Dichter Thomas Merton traf einmal einen Zen-Novizen, der gerade sein erstes Jahr im Kloster beendet hatte. Merton erkundigte sich, was er während des Noviziats gelernt habe: Klarheit des Geistes? Verändertes Bewusstsein? Erleuchtung gar? Der junge Mann schüttelte den Kopf: Er habe im ersten Jahr gelernt, eine Tür zu öffnen und zu schließen.

Was gibt es da zu lernen? Schauen wir dem Novizen zu: Er stellt sich vor eine Tür, betrachtet sie, tastet sie ab. Behutsam nimmt er den Griff in die Hand, drückt ihn hinunter und schiebt die Tür mit einem leichten Stoß auf. Dann setzt er einen Fuß vor den anderen, geht über die Schwelle, bleibt stehen, wendet sich und blickt noch einmal zurück, bevor er die Tür sorgfältig wieder schließt. Eine ganz alltägliche Verrichtung, im Zeitlupentempo ausgeführt, wird zum feierlichen Ritual.

Ich weiß nicht, wie viele Türgriffe ich heute schon in der Hand hatte. Und es ist kein Zufall, dass ich das nicht weiß. Es geschah achtlos, beiläufig. Türe auf, hindurch, Türe zu, fertig. Die Tür als notwendiges Übel. Ich erschrecke bei dem Verdacht, dass so manches im Leben für mich bloß ein notwendiges Übel ist, mit dem ich ebenso unachtsam umgehe wie mit einer Tür.

Warum also nicht bei der Tür beginnen und versuchen, sie in die Hand zu nehmen, als wäre sie ein heiliger Kultgegenstand? Das klingt vielleicht merkwürdig. Aber wer sagt denn, dass eine Tür nichts Besonderes sei? Mit welchem Recht nehme ich sie üblicherweise so achtlos in die Hand? Ist nicht jede Tür auf ihre Art einzigartig? Ermöglicht nicht jede Tür eine wesentliche Erfahrung, indem sie mir einen Raum verschließt und einen anderen eröffnet? Wie schwer kann es doch sein, wenn eine Tür zugeht und ein Raum nicht mehr zugänglich ist (manchmal ist es allerdings auch eine Erleichterung). Und wie schön kann es sein, wenn sich eine Tür auftut und ein neuer Raum sichtbar wird (manchmal ist es allerdings auch beängstigend). Aufregend ist es auf jeden Fall.

Eine Tür ist mehr als eine Tür! Sie öffnet mir nicht nur einen neuen Raum, sie eröffnet mir Welten. Voraussetzung ist, dass ich sie bewusst anfasse und bereit bin, mich von ihr auch führen zu lassen. Vielleicht hat sie mir etwas zu sagen. Aber das kann sie nur, wenn ich selber still werde.

Meister Eckhart zum Beispiel hat sich von der Tür die zwei Gesichter des Menschen zeigen lassen: Im Türbrett sieht er den äußeren Menschen, der sich in der Welt bewegt. In der Angel entdeckt er den inneren Menschen, der bei aller Bewegung in der Ruhe verankert bleibt. „Wenn nun die Tür auf- und zugeht, so bewegt sich das äußere Brett hin und her, und doch bleibt die Angel unbeweglich an ihrer Stelle und wird deshalb niemals verändert."

Wenn ich das Gefühl habe, das Leben schleudere und werfe mich hin und her wie der Sturmwind ein geöffnetes Scheunentor, dann identifiziere ich mich möglicherweise zu sehr mit dem Brett und vergesse die Angel, welche die Tür trägt.

Je länger ich vor der Tür stehe und über sie nachdenke, umso deutlicher wird mir: Die Tür ist meine Lehrerin. *Jede* Tür. Ich brauche keinen Guru in den einsamen Höhen des Himalaya. Ich brauche eine Tür. Sie wird mich alles lehren.

## Das Mysterium im Hauptbahnhof

Hundertdreißigtausend Menschen hetzen jeden Tag durch den engen und dunklen Berner Hauptbahnhof. Ich bin einer von ihnen. Wenn ich mich durch das Gewühl schiebe, kommt mir manchmal der Satz des Aktionskünstlers Josef Beuys in den Sinn: „Das Mysterium findet im Hauptbahnhof statt."

Das Mysterium? Wo bitte? Unruhig ist es, stickig und laut. Menschen eilen und drängeln, die einen in diese Richtung, die anderen in die entgegengesetzte. Frauen, Männer, Kinder, die irgendwohin wollen und einander im Weg stehen. Dazu Lautsprecherdurchsagen, leuchtende Anzeigetafeln, viel Geschwätz und Geplärr. Die stinkenden Abgase der Raucher. Abfall, Kaffeebuden, Imbissstände. Keine Spur von Mysterium.

Aber wo ist es denn, wenn nicht im Bahnhof? Nur in den Kirchen und Klöstern, an so genannten heiligen Orten? Das würde heißen, dass das Mysterium planbar und berechenbar wäre, dass es in Karten aufgezeichnet und in Büchern festgehalten werden könnte. Doch zum Wesen eines Mysteriums gehört es, dass es sich jedem Zugriff und jeder Vorstellung entzieht. Es ist immer wieder überraschend anders. Es ist, was es ist, und es findet dort statt, wo es stattfindet.

Warum also nicht im Hauptbahnhof? Schließlich hat schon Martin Luther gesagt, dass selbst ein Saustall ein heiliger Ort sein könne, wenn darin recht gebetet werde. Und auch wenn es im Bahnhof manchmal saumäßig zugehen mag: Es kommt wohl nicht auf den Ort an, sondern eher auf den Menschen, der ihn betritt. Was einen Ort besonders macht, ist nicht eine besondere äußere Kraft, sondern die Kraft der eigenen Aufmerksamkeit.

Mit leiser Ironie weist Meister Eckhart darauf hin, wie vergeblich es ist, das Heilige an bestimmte Orte binden zu wollen: „Denn wahrlich, wenn einer wähnt, in Innerlichkeit, Andacht, süßer Verzücktheit und in besonderer Begnadung Gottes mehr zu bekommen als beim Herdfeuer oder im Stalle, so tust du nichts anders, als ob du Gott nähmest, wändest ihm einen Mantel um das Haupt und schöbest ihn unter eine Bank." Der Versuch, das Unfassbare zu fassen, um es in den Mantel der Begriffe und Ideologien einzupacken und unter die Bank der Dogmen und Institutionen zu versorgen, ist nicht bloß lächerlich. Das ist, wie Eckhart sagt, ein Wahn.

Also zurück in den muffigen Berner Hauptbahnhof. Ins Gewühl der Menschen. In den Lärm und den Gestank. Mit wachen Sinnen und einem offenen Geist. Es ist den Versuch wert, diesen ungeliebten Ort einmal zur Meditationshalle zu machen. Sich im Schritt eines Pilgers durch die Menschenströme zu bewegen. In der geschäftigen Hektik jenen inneren Raum der Ruhe zu suchen, der vom ganzen Trubel nicht berührt wird. Das Warten auf den verspäteten Zug als geschenkte Zeit wahrzunehmen, die zum Nichtstun einlädt. Einfach dazustehen oder zu -sitzen, zu schauen, zu hören, zu fühlen. Nichts weiter.

Dann kann es sein, dass hier, genau hier, in dieser scheinbar so wenig meditativen Umgebung, ein kleines Wunder passiert. Menschen kommen und gehen, drängeln, eilen in die Stadt oder auf die Bahnsteige, bleiben manchmal auch stehen und warten. Züge fahren ein, entlassen einen Strom von Passagieren und werden gleich wieder gestürmt. Gepäck wird umgeladen. Die Zeiger der Bahnhofsuhren rücken gleichmäßig vorwärts. Und für einen ganz kurzen Moment stimmt einfach alles, ist alles gut, so wie es ist. Es gibt dafür keinen Grund, es ist einfach so. Eine große Stille mitten im lauten, lärmenden Treiben.

Was geschieht? Nichts. Es ist alles wie immer. Und doch ein ganz, ganz kleines bisschen anders. Ein Hauch von Mysterium vielleicht? Wer weiß das schon?

Und dann fällt der ganze nervöse Krach wieder über einen her.

Es stimmt schon: Das Mysterium findet im Hauptbahnhof statt. Da mag zwar oft die Hölle los sein. Aber manchmal ist da auch der Himmel zu entdecken.

## Staub saugen mit Bruder Laurentius

Es war an einem kalten Wintertag vor bald vierhundert Jahren, als ein junger Mann über die Felder wanderte und schließlich vor einem kahlen Baum stehen blieb. Lange betrachtete er die nackten, schwarzen Äste, die sich vom grauen Himmel abhoben. Etwas trostlos erschien ihm dieser Anblick. Doch dann erinnerte er sich, in welcher Pracht dieser Baum im Frühling jeweils blühte. Er sah die Farben der Blätter und Blüten und den blauen Frühlingshimmel dahinter, er roch das Gras und die frische Erde, er hörte die Vögel und die Grillen. Noch pfiff ihm ein eisiger Wind um die Ohren, und die anbrechende Dunkelheit mahnte zum Weitergehen. Aber er ahnte etwas von einem unendlich großen Geheimnis, und diesem Geheimnis wollte er nachgehen.

Einige Monate später klopfte er an der Pforte eines Karmeliterklosters an. Mönch wollte er werden, beten und arbeiten. Beim Eintritt erklärte er, dass er gerne jede Arbeit übernehme, die ihm zugewiesen werde, im Stall, auf dem Feld oder wo auch immer – nur in die Küche wolle er nicht, das widerstrebe ihm.

Er wurde direkt in die Küche geschickt. Seine Empörung war groß, alles rebellierte in ihm, doch als Neuer durfte er sich das nicht anmerken lassen.

Was er noch nicht wusste: Dies war eine Art Eintrittsprüfung. Er musste lernen, sich zu lösen von seinen Wünschen und Abneigungen, um jenen inneren Frieden zu finden, der von den äußeren Umständen unabhängig ist.

Bruder Laurentius, wie er fortan hieß, machte sich mit großem Widerwillen an die Arbeit. Er putzte stundenlang Gemüse, rührte in dampfenden Pfannen und Töpfen, knetete Teige und buk Brote, wusch das viele Geschirr und schrubbte den Küchenboden. So vergingen Wochen, Monate, Jahre.

Allmählich nahm sein Widerwille ab. Der Küchendienst ging immer leichter von der Hand und wurde zur Selbstverständlichkeit. Laurentius hatte seine Lektion verstanden. Es war für ihn inzwischen keine Frage mehr, dass er hier am richtigen Platz war. Das Geheimnis, dem er sein Leben widmen wollte, war auch in der Küche gegenwärtig. Ob er Kartoffeln schälte, eine Suppe kochte oder schmutzige Teller und Tassen spülte – er nahm es als Meditation: „Die Zeit der Tagesverrichtungen ist für mich nicht anders als die Zeit des Betens, und im geschäftigen Lärm meiner Küche, im Gewirr der vielen Stimmen, die nach diesem und jenem rufen, habe ich Gott in so großer Stille, als kniete ich zum heiligen Sakrament."

Ach, Bruder Laurentius, mein Namensvetter, wie viel hätte ich von dir zu lernen! Im Unterschied zu dir stehe ich zwar gerne in der Küche, kenne aber sonst genügend Arbeiten und Pflichten, die mir zuwider sind. Und so kommst du mir manchmal in den Sinn, wenn ich ungeduldig den lärmenden Staubsauger durchs Wohnzimmer schiebe oder eingequetscht in eine niesende und hustende Menge Bus fahre, oder wenn im Büro zum hundertsten Mal das Telefon läutet, während ich am Computer eine komplizierte Liste auszufüllen versuche. Ich wäre froh, könnte ich dann wie du über den Schatten meines schimpfenden und fluchenden Egos springen und den Dingen ihren Lauf lassen. Wie schaffst du es nur, aus einer mühsamen Pflicht eine Meditation zu machen?

Dein Geheimnis interessiert mich. Ich werde wie du einmal lange vor einem kahlen Baum stehen bleiben. Sein Astwerk betrachten und den grauen Himmel dahinter. Mir vorstellen, wie dieser Baum im Frühling blüht. Und ich bin gespannt, was dann mit mir passiert.

4

# Ein Blick in den Spiegel

## Das Rätsel namens Mensch

*„Alles vergessen. Fenster öffnen. Das Zimmer leeren. Der Wind durchbläst es. Man sieht nur die Leere, man sucht in allen Ecken und findet sich nicht."*

Franz Kafka

## Drei Brüder

Es waren einmal drei Brüder. Der eine beschloss, sich um die Kranken zu kümmern, der zweite wollte sich für den Frieden einsetzen, der dritte zog als Einsiedler in die Wüste. Die Jahre verstrichen. Als sich die ersten beiden wieder einmal trafen, mussten sie sich eingestehen, dass sich ihre Erwartungen nicht erfüllt hatten: Sie hatten Gutes tun wollen, doch es war ihnen nicht gelungen. Die Welt war nicht besser geworden.

So suchten sie ihren Bruder in der Wüste auf. Dieser nahm einen Krug Wasser und schüttete es langsam in einen anderen Krug. „Was seht ihr hier?“, fragte er die beiden und zeigte in den Krug. „Schäumendes Wasser“, antworteten sie. Der Einsiedler stellte das Gefäß beiseite, wartete einige Minuten, bis das Wasser ganz still war, und fragte dann noch einmal: „Was seht ihr jetzt?“ Die beiden schauten hinein und antworteten: „Jetzt sehen wir im Spiegel des Wassers uns selber.“

„So, meine Brüder, müsst auch ihr zur Ruhe kommen, damit ihr euch selber erkennt. Erst dann könnt ihr anderen wirklich helfen.“

Diese Geschichte erzählten sich die ersten christlichen Mönche, die vor rund 1700 Jahren als Einsiedler in den Wüsten von Oberägypten gelebt haben. Offenbar gab es schon damals die Tendenz, vor lauter Aktivismus an sich selber vorbeizuleben. Die ersten beiden Brüder hatten gewiss edle Absichten. Doch ihnen fehlte das Fundament, um sich mit vollen Kräften und ganzem Herzen für ihre Anliegen einsetzen zu können. Sie kannten sich selber zu wenig, möglicherweise war auch ihre Motivation nicht klar. Und so gelang es ihnen nicht, ihre guten Absichten in die Tat umzusetzen.

Der dritte Bruder hielt ihnen den Spiegel hin: Schaut euch gut an! Macht euch klar, wer ihr seid, was ihr wollt und warum ihr es wollt. Sonst macht ihr euch und den anderen etwas vor.

Wer hat heute noch Zeit, zu warten, bis das Wasser klar ist, um sich dann selber zu sehen? In einer auf Schnelligkeit und Output getrimmten Gesellschaft bleibt wenig Raum zur Selbstbesinnung. Die Wüstenmönche würden uns heute sagen: Ob viel oder wenig – nutze jenen Raum, der dir zur Verfügung steht, um zur Ruhe zu kommen und dich selber kennen zu lernen. Und dann geh und handle.

Die Selbsterkenntnis hat hier eine ganz praktische Bedeutung. Es geht nicht darum, sich bis ins Innerste zu kennen und zu verstehen. Das ist nicht möglich. Jeder Mensch ist und bleibt ein Geheimnis, auch sich selber gegenüber. Aber es ist möglich, die Mechanismen des eigenen Denkens, Fühlens und Verhaltens kennen zu lernen, um sie, falls nötig, auch ändern zu können.

Die Wüstenväter waren in dieser Hinsicht radikal. Abba Agathon meinte, wir sollten uns nicht von einem beeindrucken lassen, der Tote erwecken könne, sich selber aber nicht beherrsche. „Pass auf dich auf!" hieß ein Rat, der in den ersten Jahrhunderten in den ägyptischen Einsiedeleien und Klöstern vielen Suchenden mit auf den Weg gegeben wurde. Die alten Mönche waren überzeugt: Wer sich selber nicht kennt und nicht auf sich Acht gibt, geht am Wesentlichen vorbei.

Als ein berühmter Theologe einmal Abba Poimen besuchte, um mit ihm über die Bibel und den dreifaltigen Gott zu sprechen, wurde er von diesem zurückgewiesen. Niemand verstand, warum Poimen nicht mit dem gelehrten Mann sprechen wollte. Doch Poimen sagte: „Er wohnt in den Höhen und spricht Himmlisches. Ich aber gehöre zu denen unten und spreche über Irdisches. Wenn er von den Leidenschaften der Seele gesprochen hätte, dann hätte ich ihm geantwortet. Wenn er aber über Geistliches spricht, so verstehe ich das nicht." Als der Theologe das hörte, sagte er: „Abba, was soll ich tun, wenn die Leidenschaften mich mitreißen?" „Jetzt bist du richtig gekommen", antwortete Poimen, „und ich werde dich unterrichten."

Der listige Poimen behauptete, die frommen Worte des Gelehrten nicht zu verstehen. Natürlich *wollte* er es nicht verstehen. Diese Worte hatten kein Fundament. Sie waren nicht im Leben verwurzelt und hatten nichts mit dem Mann zu tun, der vor Poimen stand.

Auf dem spirituellen Weg sind nicht (nur) große Gedanken gefragt, sondern zuerst einmal der Denker und die Denkerin dieser Gedanken. „Zu *dir* kehre zurück, *dich* betrachte, über *dich* rede!", fordert Augustinus. Leute, die über fast alles reden können, werden dann plötzlich stumm. Es braucht Zeit und Übung, zu sich zurückzukehren, sich selber zu betrachten und schließlich über sich auch zu reden.

Das hat nichts mit Egozentrik zu tun. Es geht um Ehrlichkeit. Sich selber gegenüber, aber auch gegenüber den anderen. Dabei ist die Selbsterkenntnis kein Selbstzweck. Es folgt ein weiterer, wichtiger Schritt: Der Schritt über sich hinaus. Er führt in die Selbstvergessenheit. Wenn ich weiß, wer ich bin, kann, darf und soll ich mich vergessen. Meister Eckhart sagt es knapp und klar: „Nimm dich selber wahr, und wo du dich findest, da lass von dir ab; das ist das Allerbeste."

Dieser Prozess ist nie abgeschlossen. Vielmehr wiederholt er sich in immer neuen Zyklen: Ich verliere mich, suche und finde mich wieder – und lasse mich. Ich verliere mich erneut – und so weiter.

## Ein Wächter am Fluss

Wie erkennt man sich selbst? Augustinus meint schlicht und einfach: „Betrachte *dich*!" Dazu braucht man etwas Distanz sich selber gegenüber. Mittelalterliche Mönche und Nonnen praktizierten dies, indem sie gelegentlich in der dritten Person von sich sprachen und Worte wie „mein" und „mir" mieden. Sie sprachen von sich, als hätten sie es mit einer fremden Person zu tun.

So trete ich also einen Schritt zurück und schaue mir zu: Was geht vor in dem Menschen, der ich bin? Was denkt und fühlt er, wie handelt und reagiert er? Ich schaue zu, ohne zu kommentieren, so, als ob mich das alles gar nichts anginge. Ich bin ein möglichst neutraler Zeuge meiner selbst.

Die erste Entdeckung dabei: Es gibt nicht nur dieses Ich, das in einer beinahe permanenten Unruhe immer etwas will oder nicht will, das sich freut und sich ängstigt, das beurteilt und verurteilt. Es gibt auch den Zeugen, der beobachtet, was geschieht. Es gibt einen ruhenden Punkt, der vom ganzen hektischen Hin und Her nicht berührt wird.

So kann es geschehen, dass ich mich verspäte und auf den Bahnhof hetze, weil ich unbedingt einen bestimmten Zug erreichen will – und mir gleichzeitig zuschaue, wie ich renne, mich aufrege und ängstige. Als Zeuge aber kenne ich keine Hetze und keine Angst. Da stelle ich nur fest, was ist: Ein Mann rennt auf den Zug, getrieben von der Angst, ihn zu verpassen. Dieser Mann bin ich. Aber auch der Zeuge, der ruhig beobachtet, bin ich.

Oft ist es wie in einem Theater: Da streite ich auf der Bühne mit jemandem, sitze aber gleichzeitig als Zuschauer ganz entspannt in meinem Sitz und schaue dem Streit zu. Auf die Dauer kann ich allerdings nicht Schauspieler und Zuschauer zugleich sein. Dann stellt sich die Frage, mit wem ich mich identifiziere. Schaue ich lange genug zu, werde ich immer mehr zum Zuschauer, der Schauspieler verliert an Kraft, und die Vorstellung geht zu Ende.

Oder die Ängste, meine ungeliebten Begleiterinnen: Statt mich an ihnen festzubeißen, kann ich zuschauen, wie sie kommen – und wieder gehen. Und tatsächlich: Sie verschwinden, wenn ich sie nur ziehen lasse. Dass viele von ihnen ein, zwei, zehn oder hundert Mal wiederkommen, braucht den Zeugen nicht zu beunruhigen. Er schaut dem zu, was ist.

Ba'al Shem Tov, der große chassidische Meister, setzte sich oft spät abends an einen Fluss, um zu meditieren. Nach einer Weile stand er dann wieder auf und kehrte nach Hause zurück. Sein Weg führte an einem mächtigen Herrschaftshaus vorbei, vor dem ein Wachposten stand. Der Wächter wunderte sich, was dieser seltsame Mann trieb. Einige Male folgte er ihm bis zum Fluss, doch er konnte nichts Besonderes feststellen.

Schließlich wagte er es, ihn direkt zu fragen: „Ich sehe Sie oft zum Fluss gehen, und, entschuldigen Sie meine Neugier, ich bin Ihnen auch schon gefolgt. Aber ich verstehe nicht, was Sie dort suchen. Sie tun ja gar nichts! Sie sitzen nur am Wasser und kehren wieder zurück?"

„Ich weiß, dass Sie mir schon oft gefolgt sind", antwortete der Ba'al Shem, „denn die Nacht ist still, und ich konnte Ihre Schritte hören. Auch habe ich Sie schon oft vor dem Tor dieses großen Hauses gesehen. Was machen Sie denn eigentlich?"

„Oh, ganz einfach: Ich bin ein Wächter."

„Welch ein Zufall", rief der Ba'al Shem, „auch ich bin einer!"

„Aber wenn Sie ein Wächter sind, dann müssen Sie doch etwas haben, das Sie bewachen, ein Haus, einen Palast oder einen Park. Aber ich sehe Sie nur am Fluss sitzen …"

„Der Unterschied zwischen uns ist klein: Sie bewachen ein Haus, ich bewache mich selber. Sie beobachten, was sich rund um dieses Haus tut, ich beobachte, was in mir vorgeht."

„Seltsam", brummte der Wächter, „und wer bezahlt Sie dafür?"

„Mein Lohn ist eine Ruhe, die durch kein Geld dieser Welt aufgewogen werden kann."

## Hirsekorn und Himmelsgewölbe

Je größer die Distanz ist, aus der ich mich betrachte, umso mehr ahne ich etwas vom großen Zusammenhang, in den mein kleines Leben eingebettet ist. Damit verschieben sich die Dimensionen, und ich gewinne ein anderes Bild meiner selbst, als wenn ich mich in den engen Wänden meines Egos einschließe.

Manchmal steige ich auf einen Berg, um diese Distanz zu schaffen. Oben angekommen, schaue ich lange in die Weite. Und irgendeinmal geht mein Blick in die Richtung, wo ich meine Stadt vermute. Ich sehe, wie ich mich dort mit vielen scheinbar wichtigen Dingen herumschlage. Ich sehe, wie ich unruhig treibe, wie ich ständig beschäftigt bin und dabei das Gefühl habe, nie genügend Zeit zu haben. Fast tut er mir etwas Leid, dieser Mensch, der ich bin, dort in der Ferne. Merkt er denn nicht, dass die Dinge, die ihn besetzt halten, gar nicht so bedeutend sind? Weiß er nicht, wie klein er ist, wie winzig klein? Sieht er nicht, dass er sich viel zu wichtig nimmt?

Auch der Berg stellt mir einige Fragen: Wer bist du, kleiner Mensch, einsam in der Höhe, irgendwo zwischen Himmel und Erde, den unberechenbaren Gewalten der Natur ausgesetzt? Wer bist du in dieser Urlandschaft aus Stein und Fels, die lange vor dir da war und dich noch lange überdauern wird? Und wer bist du mit deinen paar Jahrzehnten in einer Jahrmilliarden alten Evolution?

Ich kenne die Antwort nicht. Ich weiß nur, dass ich ein sehr, sehr winziges Wesen bin in einem Universum, dessen Dimensionen ich nie zu erfassen vermag.

Die Wissenschaft sagt: Ein Mensch besteht vor allem aus Wasser. Wasser heißt die Verbindung von zwei Wasserstoffatomen mit einem Sauerstoffatom. Jedes Atom ist weitgehend leerer Raum. So gesehen bin ich zu einem guten Teil einfach Leere.

Aber das ist nur die eine Seite der Medaille. Denn die Religionen sagen noch etwas anderes: Mensch, so leer und nichtig du auch sein magst – du bist unendlich groß! Du bist kleiner als ein Hirsekorn – und du bist größer als das Himmelsgewölbe (so die indischen Upanischaden).

Ich bin klein, und ich bin groß. Beides. Diese Feststellung mag dem Verstand einige Mühe bereiten. Aber das Herz ahnt, dass die Wahrheit so paradox sein kann. Die Wahrheit liegt nicht in der Mitte zwischen klein und groß. Sie umfasst vielmehr beide Pole: Klein und groß zugleich. Kleingroß oder großklein.

Es ist gut, mich immer wieder daran zu erinnern. Oft nehme ich mich zu wichtig, oft aber mache ich mich auch unnötig klein. Dann, Herr Großklein oder Kleingroß, hilft dir vielleicht jener Trick, den ein alter Rabbi herausgefunden hat, um sein inneres Gleichgewicht zu bewahren. Er steckte in seine beiden Jackentaschen je einen Zettel. Wenn er den Zettel aus der einen Tasche hervorzog, las er: „Du bist Staub und Asche." Und wenn er in die andere Tasche griff: „Deinetwegen hat Gott die Welt erschaffen."

Welch irritierende Sätze! Der erste erschreckt mich. Aber er ist bestimmt wahr. Und der zweite? Ist er auch wahr? Die ganze Welt – meinetwegen? Ich weiß nicht …

Und die mächtigen Felsen hoch oben am Berg, die mir diese Frage vielleicht beantworten könnten, sie schweigen. So schaue ich hinunter ins Tal und lasse es gut sein so.

## Sich (k)ein Denkmal setzen

Der Dichter Hugo von Hofmannsthal spazierte einmal mit dem Schriftsteller und Schauspieler Egon Friedell durch den Wiener Volksgarten. Die beiden unterhielten sich angeregt, als Friedell neben einer Baumgruppe stehen blieb und zu Hofmannsthal sagte: „Hier, an dieser Stelle, wird in zwanzig oder in fünfzig Jahren Ihr Denkmal stehen!“

Hofmannsthal fühlte sich geschmeichelt und winkte verlegen ab. Doch Friedell blieb dabei und meinte: „Ganz gewiss wird hier Ihr Denkmal stehen, und die Leute werden daran vorübergehen, oder auch stehen bleiben, und einander fragen: Hofmannsthal? Hofmannsthal? Wer war denn dieser Kerl?“

Hugo von Hofmannsthal war ein Dichter von Weltruhm, bekannt vor allem durch seine Texte zu den Opern von Richard Strauss. Doch auch er wird in Vergessenheit geraten, wie wir alle. Was nützt ihm ein verwittertes Denkmal, an dem die Leute achtlos vorbeigehen, weil sie mit diesem Hofmannsthal nichts anfangen können?

Mir würde ein Denkmal natürlich auch schmeicheln. Doch ich werde nie eines erhalten. Deshalb versuche ich manchmal, mir selber eines zu setzen. Zum Beispiel mit diesem Buch. Vergiss es, lacht Friedell, dein Buch wird von ein paar Leuten gelesen, dann kommt es ins Regal, wo es langsam Staub ansetzt, schließlich landet es beim Altpapier, wird eingestampft – und weg ist dein Denkmal. Der Autor? Niemand wird sich an seinen Namen erinnern.

Ob mit oder ohne Denkmal: Sub specie aeternitatis, aus dem Blickwinkel der Ewigkeit, sieht manches etwas anders aus. Die Dimensionen werden zurechtgerückt. Was eben noch so furchtbar wichtig schien, verliert an Bedeutung. Dafür gewinnt scheinbar Unwichtiges an Wert. So raten denn auch viele erleuchtete Geister, den Tod als Freund und Lehrmeister ins Leben einzubeziehen: Er wird uns helfen, die Dinge richtig zu gewichten. Eine alte mönchische Übung besteht darin, am Morgen aufzustehen, als ob man den Abend nicht mehr erleben würde, und abends ins Bett zu steigen, als ob es keinen Morgen mehr gäbe. Wo Bruder Tod gegenwärtig ist, bleibt kein Platz für Nebensächlichkeiten.

So werde ich mir das mit meinem Denkmal noch einmal überlegen. Ich bin mir nicht mehr sicher, ob es ein erstrebenswertes Ziel ist. Ein Denkmal wiegt schwer und lässt sich kaum mehr bewegen. Es steht noch da, wenn niemand mehr weiß, wofür es eigentlich steht. Und am Schluss dient es nur noch als Pinkelsäule für betrunkene Nachtschwärmer. Keine sehr verlockende Perspektive.

Und wie ich mir so meine Gedanken dazu mache, fällt mir ein Satz des englischen Schriftstellers G. K. Chesterton zu: „Engel fliegen, weil sie sich selbst leicht nehmen.“

Das gefällt mir entschieden besser als ein in Stein gehauenes Denkmal. Diese Leichtigkeit, diese Freiheit, diese Ungebundenheit. Davonfliegen, irgendwohin, ohne das schwere Gewicht eines steinernen Sockels an den Füßen.

Ich werde zwar nie ein Engel sein. Aber das Fliegen würde ich gerne noch lernen!

## Maharshis Experiment

Manchmal stelle ich mir vor, dass ich auf dem Sterbebett liege und auf mein Leben zurückschaue. Aus dieser Perspektive sieht vieles ziemlich anders aus. Die Proportionen verschieben sich. Was mich im Moment stark beschäftigt, verliert an Gewicht. Dafür wird anderes wichtig. Und weil ich nur in der Vorstellung auf dem Sterbebett liege, habe ich jederzeit die Möglichkeit, aufzustehen und mein Leben neu auszurichten.

Diese Perspektive hat nichts Morbides und ist keineswegs lebensfeindlich – im Gegenteil: Sie erst ermöglicht es, das Leben in seiner ganzen Tiefe auszuloten.

Der indische Seher Ramana Maharshi hat diese Übung bis ins Extrem getrieben. Er ist sozusagen auf Probe gestorben. Siebzehn Jahre alt war er, als ihm eines Tages schlagartig bewusst wurde, dass auch er nur Staub und Asche war, dass er einmal sterben musste, dass der Tod für ihn keine Ausnahme machte. Diese Entdeckung erschütterte ihn zutiefst.

Nun wollte er es genau wissen: Was geschieht, wenn ich sterbe? Er legte sich auf den kühlen Boden, streckte alle Glieder von sich und hielt sie so steif, als wäre bereits die Todesstarre eingetreten. Er schloss die Augen und wagte kaum noch zu atmen. „Dieser Leib“, sagte er sich, „ist jetzt tot. Starr, wie er ist, werden sie ihn zur Leichenstätte tragen; dort wird er verbrannt und wird zu Asche. Aber wenn er tot ist – bin ich dann auch tot? Wer bin ich denn eigentlich? Wer ist dieses Ich?“

Maharshi lag da und regte sich nicht. Er wartete. Lange. Sehr lange. Auf einmal aber durchfuhr es ihn wie ein Blitz: „Ich bin!“

Das war seine große Entdeckung: „Ich *bin*.“ Unabhängig von allem Äußeren. Ohne Identifikation mit Name und Form. Jenseits von Wechsel und Verfall. Nicht: Ich bin dies und das. Nur: Ich bin.

Maharshi hatte das Sein erfahren, das reine, nackte Sein. Er nannte es das Selbst und sagte: „Vorstellungen und Gedanken mögen kommen und gehen wie die Töne einer Musik, aber dieses Selbst dröhnt als Grundbass fort, der sie alle begleitet und sich mit ihnen verbindet."

Diese Erfahrung ließ Maharshi nicht mehr los. Er zog sich zurück in die Berge und schwieg. Jahrelang. Dann begann er zu sprechen und die Fragen der Besucher, die immer zahlreicher zu ihm strömten, zu beantworten. Seine Methode des Dialogs bestand darin, die Fragenden immer wieder auf sich selber zu verweisen. Seine erste Frage hieß: „Wer bist du?" Der Fremde konnte jetzt ein bisschen von sich erzählen. Doch Maharshi schien das nicht zu interessieren. Er stellte die Frage noch einmal, als ob er die Antwort überhört hätte: „Wer bist du?"

Irgendeinmal hatte der Besucher alles gesagt, was ihm in den Sinn kam. Und gleichwohl schüttelte Maharshi den Kopf: „Wer bist du?" Dann klagte der Besucher vielleicht, er komme mit dieser Frage nicht mehr weiter, worauf der Meister entgegnete: „Wer ist es, der mit dieser Frage nicht mehr weiterkommt?"

Es gab kein Ausweichen, immer nur diese eine Frage. Meistens riss dem Besucher einmal der Geduldsfaden: „Wenn ich nichts von alledem bin, was ich erwähnt habe, wer oder was bin ich denn?"

Dann antwortete Maharshi: „Nachdem dies alles ausgeschaltet ist und du sagen kannst: ‚Dies bin ich nicht!', bleibt nur noch die Stille, dein Kern, das Selbst. Es ist das Einzige, was wirklich existiert."

Was und wie ist dieser Kern? Es gibt keinen Namen, keine Definition, keine Beschreibung. Er ist unfassbar, unbegreiflich, unermesslich. Nichts Äußeres vermag ihn zu erreichen. Er ist kein Etwas und kein Nichts. Er bleibt ein Geheimnis.

Die Mystik sagt: In dieser innersten Mitte ist jeder Mensch ganz und heil.

## Ein seltsamer Besuch

Eine junge Frau klopfte an die Pforte des Predigerklosters und verlangte nach Meister Eckhart.

„Wen soll ich melden?“, fragte der Pförtner.

„Ich weiß es nicht.“

„Warum wisst Ihr das nicht?“

„Weil ich weder ein Mädchen bin noch ein Weib noch ein Mann noch eine Frau noch eine Witwe noch eine Jungfrau noch ein Herr noch eine Magd noch ein Knecht.“

Der Pförtner schüttelte den Kopf und suchte Meister Eckhart: „Kommt und schaut den seltsamen Besuch an, der Euch zu sprechen wünscht!“ Eckhart eilte zur Pforte und erkundigte sich, wer ihn zu sprechen wünsche. Und die Frau wiederholte ihre rätselhafte Antwort.

Eckhart wurde nachdenklich und bat sie um eine Erklärung. Die Frau antwortete, dass keine dieser Rollen sie im Innersten ausmache: „Von alledem bin ich keines.“

Leise sagte der Meister später zu seinen Brüdern: „Jetzt habe ich den allerlautersten Menschen getroffen, der mir je begegnet ist.“

Wer diese Geschichte zum ersten Mal hört, wird wohl wie der Pförtner den Kopf schütteln. Was soll das? Warum sagt die Frau nicht, wer sie ist? Wozu diese Geheimnistuerei?

Das gesellschaftliche Ritual läuft anders ab: Wer gebeten wird, sich vorzustellen, nennt zuerst seinen Namen, dann den Beruf, vielleicht das Alter oder den Wohnort. Wenn in einer Tischrunde, zum Beispiel bei einer Geburtstagsfeier, die Anwesenden vorgestellt werden, dann ebenfalls mit Name, Beruf und anderen Äußerlichkeiten mehr. Doch dies sind alles Etiketten, die schnell wieder verbleichen, abfallen oder manchmal auch abgerissen werden. Der Mensch ist mehr als ein Funktionsträger, welcher diese oder jene Rolle spielt.

Es ist wohl kein Zufall, dass in der Legende eine junge Frau so spricht. In der Symbolsprache steht die Jungfrau für einen Menschen, der frei ist von allen äußeren Bindungen. Sie ist nicht „verheiratet“ mit den Rollen, die sie übernimmt, oder den Funktionen, die sie ausübt. Sie ist ledig von allen äußeren Zuschreibungen. Sie ist sie selber. Wer aber ist das? „Ich weiß es nicht.“

Die junge Frau bewahrt sich gewissermaßen ihre Unschuld, indem sie sich mit keiner möglichen Definition ihrer Person identifiziert: „Von alledem bin ich keines.“ Alles, was du meinst, das bin ich nicht, und was ich bin, das weiß ich nicht.

Auch diese Frau könnte problemlos aufzählen, sie sei die und die und mache dies und das. Eine solche Antwort hätte der Pförtner auch erwartet. Aber sie verweigert sich solch oberflächlichen Zuschreibungen, die vielleicht gar nichts mit ihrem eigentlichen Wesen zu tun haben. Sie streift alle möglichen Etiketten ab, bis gar nichts mehr übrig bleibt, was sie über sich aussagen könnte. Sie steht gewissermaßen nackt da. Und das scheint sie nicht zu bekümmern. Sie ist frei.

Dieses Vorgehen gleicht dem eines Bildhauers, der alles wegschlägt, was nicht zum Bild gehört, um das Eigentliche hervorzuholen. Eine Schicht nach der anderen wird abgetragen. Ich bin nicht mein Name, nicht meine Körpergröße, nicht mein Beruf. Ich bin nicht meine Leistungen und nicht meine Defizite. Nicht meine Stärken und nicht meine Schwächen. Nicht meine Gesundheit und nicht meine Krankheit. „Von alledem bin ich keines.“ Das alles sind äußere Dinge, die vorübergehen, keinen Bestand haben und einen Menschen nicht wirklich ausmachen, auch wenn sie im Moment wichtig sein mögen.

Von dieser unbekannten Frau lerne ich, genau darauf zu achten, wie ich mich definiere: Sätze wie „Ich bin dies und das“ oder „Ich bin so und so“ sind gefährlich. Ich täusche damit die anderen ebenso wie mich selber. Ich lege mich auf ein bestimmtes Bild meiner selbst fest, das mit der Wirklichkeit meiner Person nur bedingt übereinstimmt. Denn: Ich bin nicht dies und das, ich bin nicht so und so – ich bin auch ganz anders. Nein: Ich *bin*. Das ist alles.

Was bleibt am Schluss? Eine heilige Mitte. Ein unteilbarer Kern. Ein Individuum, wörtlich übersetzt: Ein Unteilbares. „Individuum est ineffabile“, sagt der mittelalterliche Franziskaner und Philosoph Wilhelm von Ockham: „Das Individuum, die Person, ist unaussagbar.“

Im Innersten ist jeder Mensch ein Geheimnis. Freilich wissen es die wenigsten.

# 5

# In jedem Teich der eine Mond

## Begegnungen und Beziehungen

*„Ein Mond*
*scheint*
*aus jedem Teich;*

*In jedem Teich*
*der eine*
*Mond."*

Soiku Shigematsu

Manchmal versuche ich, mir das Netz von Beziehungen vorzustellen, in dem ich mich im Verlaufe eines Tages bewege. Das Ergebnis ist jedes Mal erstaunlich. Obwohl ich eher ein Einzelgänger bin, werden meine Tage ganz wesentlich von Begegnungen geprägt. Viele sind kurz und oberflächlich, so dass ich ihnen kaum Beachtung schenke. Wichtig sind sie trotzdem. Mir würde etwas fehlen, wenn die Zeitungsverkäuferin morgens nicht mehr am Bahnhofsausgang stehen würde. Wenn mich in meinem Stammcafé niemand kennen würde. Oder der kleine Schwatz mit der Nachbarin nicht mehr möglich wäre. Und ich könnte schlicht nicht sein ohne ein paar Menschen, die mir wirklich nahe sind: „Meine" Frau, „meine" Tochter, „meine" paar Freunde, „meine" Bekannten und Verwandten – sie alle gehören zu mir, so wie ich zu ihnen gehöre (aber sie gehören mir nicht). Ohne die immer neue Begegnung mit ihnen könnte ich mir den Luxus nicht leisten, als Einzelgänger meine eigenen Wege zu gehen.

Für den großen jüdischen Denker Martin Buber machen Begegnungen das Leben aus. Begegnungen mit Menschen, mit Tieren, Pflanzen, Bäumen – und mit dem Absoluten, das er *Gott* nennt: „Alles Leben ist Begegnung."

Buber berichtet von einer Schlüsselerfahrung in seiner Kindheit: Während den Sommerferien schlich er oft in den Stall zu seinem Liebling, einem Apfelschimmel. Er schüttete ihm Hafer in die Krippe und kraulte sein Fell. Dabei entdeckte er, wie anders dieses Tier war – und wie vertraut zugleich. Er strich ihm über die Mähne und spürte das Lebendige unter seiner Hand. Für kurze Momente fühlte er sich ganz eins mit ihm. Mochte der Schimmel auch ganz anders sein, in solchen Augenblicken erlebte Buber eine vibrierende Nähe. Im Schimmel begegnete ihm das ganz Andere und doch so Vertraute, das „sich elementar mit mir auf Du und Du stellte“.

Buber schildert weiter, wie das Spiel mit dem Pferd in dem Moment seine Unschuld verlor, als ihm bewusst wurde, dass ihm diese Begegnung Spaß machte. Mit diesem Gedanken war er nicht mehr beim Tier, sondern bei sich. Die spontane Einheit zerbrach.

Bubers Philosophie der Begegnung beruht auf der Erkenntnis einer „strömenden All-Gegenseitigkeit“, die Mensch, Tier und alle Natur umfasst. Alles kann zum Gegenüber werden, zum Du. Das ganze Dasein ist Anrede. Aufforderung, Antwort zu geben und das eigene Leben zu verantworten. „Wenn das Religion ist, so ist sie einfach *alles*, das schlicht gelebte Alles in seiner Möglichkeit der Zwiesprache.“

In besonderem Maße gilt dies von der Zwiesprache mit Menschen. Der Weg zu mir selber führt über das Gegenüber, meint Buber: „Der Mensch wird am Du zum Ich.“ Nur in der Zwiesprache mit dem oder der Anderen wird der Mensch ganz er selbst: „Ich werde am Du; Ich werdend spreche ich Du.“ Das Wesentliche liegt dabei nicht im Ich und nicht im Du. Es *ereignet* sich in dem, was *zwischen* Ich und Du geschieht. Es geht um einen Prozess, der sowohl das Ich wie auch das Du erfasst und formt: „Einander reichen die Menschen das Himmelsbrot des Selbstseins.“

Eine wirkliche Begegnung findet immer in der Gegenwart statt und erfordert einiges an Aufmerksamkeit. Buber erzählt, wie er sich einmal mit einem verzweifelten jungen Menschen unterhielt, „ohne mit der Seele dabei zu sein“. Er half ihm, so gut er konnte, aber er unterließ es, „die Fragen zu erraten, die er nicht stellte“. Als er später auf Umwegen erfuhr, in welcher Krise sich dieser junge Mann befunden hatte, wurde ihm klar, dass dieser „nicht beiläufig, sondern schicksalhaft zu mir gekommen war, nicht um Plauderei, sondern um Entscheidung, gerade zu mir, gerade in dieser Stunde“.

In einer guten Begegnung kommen auch die ungestellten Fragen zur Sprache. Das setzt voraus, dass beide gut *aufeinander* hören (und nicht nur auf das Geschwätz im eigenen Kopf). Hören mit allen Sinnen, um so auch die feinen Zwischentöne und die unausgesprochenen Botschaften zu vernehmen. Die Bewegung geht vom Ich zum Du. Dieser Schritt über sich selber hinaus ist die Grundbewegung aller spirituellen Praxis. Bubers programmatischer Satz lautet: „Bei sich beginnen, aber nicht bei sich enden; von sich ausgehen, aber nicht auf sich abzielen."

In jeder Ich-Du-Begegnung gibt es schließlich eine gemeinsame Mitte. Sie bleibt letztlich ein Geheimnis. „Die verlängerten Linien der Beziehungen schneiden sich im ewigen Du." Auch dieses „ewige Du" kann angesprochen und vernommen, niemals aber erfasst und definiert werden. „In jeder Sphäre, durch jedes uns gegenwärtig Werdende blicken wir an den Saum des ewigen Du hin."

Während auch ich, der Einzelgänger, mich von früh bis spät in einem dicht gewobenen Netz von Beziehungen bewege, lerne ich von Martin Buber, dass jede Begegnung eine einmalige, einzigartige Bedeutung in sich trägt. Ich werde von etwas Anderem angesprochen. Und meine Aufgabe ist es, darauf zu antworten.

## Mystik in der Warteschlange

Es gibt Menschen, die mag ich gern. Es gibt Menschen, die mag ich weniger. Und es gibt Menschen, die mag ich nicht. Weitaus die meisten aber sind mir ziemlich egal. Ich gehe achtlos an ihnen vorüber, sie gehen mich nichts an. Im Vorübergehen merke ich nicht, dass ich an einem „Urbild der Schönheit“ vorbeiziehe, das nach Gregor von Nyssa in jedem Menschen auf einmalige Weise zum Ausdruck kommt. Ich sehe kein „mit Gold und Silber geschmücktes Kunstwerk“, wie Irenäus von Lyon es in jedem Mann, in jeder Frau und in jedem Kind entdeckt. Ich sehe und höre auch die Engel nicht, die nach der chassidischen Überlieferung jedem Menschen vorausgehen und verkünden: „Macht den Weg frei! Hier kommt ein Abbild Gottes! Macht ihm den Weg frei!“

Doch machen wir die Probe aufs Exempel. Ich stehe im Supermarkt in einer langen Schlange vor der Kasse. Die vielen Menschen gehen mir auf die Nerven. Ich habe nur wenig Zeit. Oder meine es wenigstens. Missmutig betrachte ich die Leute um mich herum und beginne automatisch zu klassifizieren: Eine Hausfrau mit einem plärrenden Kleinkind, ein griesgrämiger Rentner mit seiner ebenso griesgrämigen Frau, ein smarter Geschäftsmann mit aufdringlichem Parfumgeruch, zwei junge Lümmel, eine verschlafene Studentin, ein nervöser Büromensch mit Glatze sowie eine Frau, die ihren Kaugummi kaut wie eine Kuh ihr Gras. Warum müssen sie eigentlich alle im gleichen Moment an der Kasse stehen wie ich? Ich bin geneigt, Jean-Paul Sartre voll und ganz Recht zu geben: „Die Hölle, das sind die Anderen.“ Engel sehe ich keine.

Und hier beginnt jetzt die Übung: Ich versuche, diese Leute von all den Etiketten zu befreien, die ich ihnen soeben aufgeklebt habe. Ich will das in ihnen verborgene „Urbild der Schönheit“ entdecken. Also lasse ich sie für einen Augenblick sein, atme aus, entspanne mich und schaue sie an. Diese Menschen warten wie ich. Ungeduldig wie ich. Sie sind, wie sie sind. Wer und was sie sind, weiß ich nicht. Aber ich ahne, dass sie ziemlich anders sind, als ich meine. Ich kneife die Augen zusammen, blinzle und sehe, wie ihre Umrisse allmählich verschwimmen. Wer wartet mit mir vor der Kasse? Urbilder der Schönheit? Mit Gold und Silber geschmückte Kunstwerke? Womöglich gar begleitet von einer Schar Engel?

Doch wie ich so vor mich hin sinniere, entdecke ich, dass ich mich in die falsche Schlange eingereiht habe. Die nebenan kommen schneller voran. Und schon ärgere ich mich wieder und beginne Etiketten zu verteilen: Wegen dem Alten, der so umständlich sein Geld abzählt, müssen alle warten! Eigentlich stört mich auch das aufdringliche Parfum des Geschäftsmannes. Zudem: Quengelnde Kinder gehören nicht in einen Supermarkt! Und was die beiden Lümmel an Dummheiten von sich geben …

Still! Du bist von lauter Geheimnissen umgeben! Sei still, schau sie an, die Menschen, und begegne ihnen mit Respekt! „Jedes Geschöpf ist auf seine Art dem göttlichen Wesen ähnlich“, sagt Thomas von Aquin. Die Hausfrau mit dem unruhigen Kind, der nervöse Büromensch mit der Glatze, die verschlafene Studentin und all die anderen – sie sind nach Thomas „Bilder ihrer ersten Ursache, also Gottes“. Und er fügt hinzu: „Die Vollkommenheit der Geschöpfe herabzusetzen, bedeutet, die Vollkommenheit der göttlichen Kraft herabzusetzen.“ Solche Sätze lassen meinen böse schnatternden Geist augenblicklich still werden.

Die Leute, die mit mir vor der Kasse warten: Sie sind nicht meine Feinde. Sie müssen auch nicht meine Freunde sein. Aber sie sind Geheimnisse. Sie verdienen meine Achtung, auch wenn sie mich nerven. In der Schlange reiht sich ein Geheimnis an das andere. Und, wer weiß, vielleicht sogar umgeben von einer Schar Engel?

Als ich endlich vor der Kasse stehe, bin ich trotzdem erleichtert, dass ich die Menschen um mich herum vergessen und zahlen kann. Die Engel mögen mir verzeihen.

## Das Netz des Indra

Als Kind der individualistischen Kultur des Westens habe ich gelernt, zwischen mir und meiner Umgebung eine klare Trennlinie zu ziehen: Auf der einen Seite steht das kleine und verletzliche Ich. Auf der anderen alles Nicht-Ich. Diese Sichtweise spaltet die Wirklichkeit auf: Das isolierte Ich steht einer als fremd und feindlich empfundenen Welt gegenüber. Das macht Angst und erzeugt Stress.

Diesem Stress liegt womöglich eine falsche Wahrnehmung der Wirklichkeit zu Grunde. Buddha hat vor zweieinhalbtausend Jahren darauf hingewiesen, und die moderne Wissenschaft scheint ihm heute Recht zu geben: Es gibt keine Trennung zwischen Ich und Nicht-Ich. Diese Aufspaltung ist eine Täuschung, eine Illusion oder, wie es in der buddhistischen Überlieferung auch heißt: ein Wahn. So gesehen bin ich wahnsinnig. Und eine Gesellschaft, welche die Wirklichkeit in immer kleinere Teile zerlegt und auseinander dividiert, ist wahrscheinlich ebenfalls dem Wahnsinn verfallen.

Mein Leben lässt sich nicht abspalten vom Leben anderer Menschen, vom Leben der Tiere, der Pflanzen und Bäume. Ich bin auf sie angewiesen, und sie brauchen mich. In einem untrennbaren Gewebe von Beziehungen ist alles mit allem verbunden. Nichts und niemand existiert ganz aus sich und für sich allein. „Ich bin Leben, das leben will, inmitten von Leben, das leben will" (Albert Schweitzer). Das ist Religion, *religio* im Sinne des lateinischen Wortes: Rückbindung an etwas Übergreifendes und Umfassendes.

Im alten Indien wird dies durch den Vergleich mit einem Netz zum Ausdruck gebracht, dessen Knoten durch Edelsteine gebildet werden. Jeder Stein reflektiert alle anderen und enthält so das ganze prachtvolle Netz in sich. Dieses *Netz des Indra* (so benannt nach einer altindischen Gottheit) ist ein Symbol dafür, dass sich in jeder Erscheinung, in jedem Ding und in jedem Lebewesen das ganze Universum spiegelt.

Das Bild vom Netz verweist auch auf die Bedeutung des einzelnen Teils. Verändert sich einer, so hat dies Rückwirkungen auf das ganze Netz. Jeder Teil, mag er noch so unbedeutend scheinen, beeinflusst und formt das Ganze.

Das Bewusstsein dieser Verbundenheit ist der Ursprung des Mitgefühls. Mitgefühl heißt: Sich einfühlen in ein anderes Leben. Ein fremdes Schicksal teilen. Mitgefühl schließt auch den Aspekt des Mit-Leidens ein, wie es das englische Wort „compassion" andeutet (vom lateinischen „cum/con" und „passio": „mit" und „Leiden").

Die Fähigkeit, sich anderen zuzuwenden und für sie zu sorgen, macht den Menschen wesentlich aus. Im Mitgefühl überschreite ich die Grenzen meines Ichs. Der, die, das Andere wird zu etwas Eigenem. Das fremde Schicksal berührt das eigene Herz. Auch wenn das Ich dabei zurücktreten muss, verleugnet wird es dabei nicht. Echtes Mitgefühl ist unteilbar. In einem buddhistischen Text heißt es: „Auf mich selbst achtend, achte ich auf den anderen, auf den anderen achtend, achte ich auf mich selbst."

Was aber mache ich mit all diesen Erkenntnissen, wenn mich auf der Straße ein Drogensüchtiger anquatscht und Geld will? Meistens nichts. Ich tue so, als ob ich ihn überhört hätte, lasse ihn stehen und gehe weiter. Es gibt gute Gründe dafür. Aber auch dieser süchtige Bettler ist ein funkelnder Edelstein im Netz des Indra. Auch er. Und wer weiß, warum er gerade mich angesprochen hat?

Jedes Mal, wenn ich eine solche Anfrage geflissentlich überhöre, ahne ich leise, dass ich im Weitergehen auch ein kleines Stück von mir selbst zurückgelassen habe.

## Fuß und Hand und Auge

Der Fuß ist keine Hand. Die Hand kein Ohr. Das Ohr kein Auge. Das Auge kein Fuß. Jedes Glied kann nur die Aufgabe erfüllen, zu der es bestimmt ist. Aber dafür ist es auf alle anderen Glieder angewiesen. Kein Glied existiert für sich allein, jedes ist Teil des Leibes, ohne den es nicht existieren kann.

Viele Glieder – ein Leib: Mit diesem Bild verdeutlicht der Apostel Paulus im ersten Korintherbrief seine Lehre von der Einheit in der Vielfalt. Alle Glieder, so verschieden sie auch sein mögen, bilden zusammen ein Ganzes. Da kann das Auge nicht behaupten, es brauche die Hand nicht, oder das Haupt, es brauche keine Füße. Alle Glieder sind in einer wechselseitigen Abhängigkeit miteinander verbunden. Paulus schreibt: „Wenn ein Glied leidet, so leiden alle Glieder mit, und wenn ein Glied geehrt wird, so freuen sich alle Glieder mit."

Ob ich nun der Fuß bin, das Auge oder der kleine Finger: Ich gehöre zu diesem einen Leib, bin eingebunden ins Ganze, das ich auf meine persönliche, unverwechselbare Art und Weise zum Ausdruck bringe. Nur in Beziehung zu diesem Ganzen und im Austausch mit ihm kann ich ich selber sein.

„Kein Mensch ist eine Insel; jeder ist ein Stück des Kontinents, ein Teil des Ganzen", schreibt der frühneuzeitliche Dichterpriester John Donne und fügt hinzu: „Der Tod eines jeden Menschen vermindert mich, denn ich bin ein Teil der Menschheit. Frage also nicht nach, für wen die Totenglocke läutet; sie läutet für dich."

Mit einem solchen Bewusstsein der Einheit und Verbundenheit gäbe es keine Gewalt und keine Unterdrückung. Aber die Wirklichkeit sieht anders aus. Da herrscht eher der finstere alte Glaube, dass der Mensch des Menschen Wolf sei und dass es letztlich nur um das ewig leidvolle Spiel von Fressen und Gefressenwerden gehe.

Doch so verschieden die Menschen auch sein mögen: Alle sind verbunden durch das gemeinsame Anliegen, den Schmerz zu meiden und glücklich zu sein. Alle haben dafür ihre eigenen Wege und Methoden.

Wenn ich mich in einer Sitzung langweile, studiere ich gelegentlich die Teilnehmenden unter diesem Aspekt. Jeder und jede hier möchte dem Leiden entrinnen und glücklich sein. Mit jedem Wort, das gesagt wird, mit jeder Geste, mit jedem Atemzug. Wenn ich sie mit diesem Bewusstsein wahrnehme, verstehe ich sie besser. Ihre Wege zum Glück mögen nicht die meinen sein, führen nach meiner subjektiven Einschätzung vielleicht sogar tiefer in den Schmerz hinein. Doch kann ich das so klar beurteilen?

Es gibt eine weitere Gemeinsamkeit, die alle Menschen verbindet: Die Sterblichkeit. Auf uns alle wartet der Tod. Und spätestens dann verlieren all die Dinge, du uns heute noch so beschäftigen, möglicherweise auch gegeneinander aufbringen, ihre Bedeutung. Der Tod führt uns endgültig wieder zusammen, als Brüder und Schwestern. Es ist in konfliktträchtigen Situationen geradezu ein beruhigender Gedanke, dass alle Beteiligten (und natürlich auch ich!) in ein paar Jahrzehnten nur noch Staub und Asche sein werden. Die Totenglocke läutet für jeden, wie John Donne andeutet. Wir sind Teile einer großen Schicksalsgemeinschaft, Glieder eines Leibes, egal ob ich nun das Auge bin, der Fuß oder der kleine Finger.

## Tanzen statt klettern

Der amerikanische Schöpfungstheologe Matthew Fox unterscheidet zwei Modelle der Spiritualität und der sozialen Ordnung. Das eine nennt er „das Erklettern der Jakobsleiter". Dieses Modell ist elitär, hierarchisch und individualistisch. Es zeigt das Leben als dauernden Kampf um einen Platz an der Spitze. Jeder und jede versucht, möglichst weit nach oben zu gelangen und alle anderen abzuhängen. Die meisten bleiben irgendwo stecken oder fallen wieder hinunter, etliche haben gar keine Gelegenheit, diese Leiter überhaupt zu besteigen. Das Leitermodell geht davon aus, dass es schlecht ist, unten auf dem Boden zu stehen. Nur das Ziel oben im Himmel zählt, der Aufstieg allein ist wichtig.

Das zweite Modell nennt Fox „das Tanzen in Saras Kreis". Es ist egalitär, erdnah und kreisförmig. Jeder und jede kann mitmachen. Wer im Kreis tanzt, muss keine besonderen Voraussetzungen erfüllen. Der Kreis trägt, und zwar auch jene, welche nicht so begabt sind und sich schwer tun mit den Schritten. Die Unterschiede zwischen guten und weniger guten Tänzerinnen und Tänzern haben wenig Bedeutung. Niemand ist höher oder tiefer, vielmehr begegnen alle sich auf der gleichen Ebene. Sie sind keine Konkurrenten, sondern gleichberechtigte Teile eines Kreises, verbunden in der gemeinsamen Bewegung. Der Tanz in Saras Kreis holt den Himmel auf die Erde.

In den außerbiblischen Johannesakten, die im 3. Jahrhundert in Syrien entstanden sind, wird berichtet, wie Jesus in der Nacht vor seiner Passion die Jünger aufforderte, sich an den Händen zu halten und einen Kreis zu bilden. Dann stellte er sich in die Mitte und begann, einen Gesang zu intonieren. Seine Jünger antworteten auf jedes seiner Worte mit dem hebräischen *Amen,* übersetzt: „So sei es." Hier einige Ausschnitte aus diesem Kulttanz:

„Flöten will ich, tanzet alle." – „Amen."

„Die Gnade tanzt, tanzet alle mit mir." – „Amen."

„Das ganze Weltall tanzt mit uns." – „Amen."

„Wer nicht tanzt, begreift nicht, was sich begibt." – „Amen."

„Wenn du aber Folge leistest meinem Reigen, sieh dich selbst in mir, dem Redenden." – „Amen."

„Der du tanzt, erkenne, was ich tue, denn dein ist dieses Leiden des Menschen, das ich leiden werde." – „Amen."

„Das Leiden erkenne, und das Nicht-Leiden wirst du haben." – „Amen."

Eine tanzende Gemeinde, eine mystische Gemeinschaft, bewegt vom großen Geheimnis und vereint mit ihm. In der ekstatischen Freude des Tanzes – und vor dem finsteren Abgrund des Leidens. Es ist merkwürdig, dass hier getanzt und gesungen wird, obwohl es keinen Anlass zur Freude gibt. Ganz im Gegenteil: Die Passion steht bevor, die Zeit der Schmerzen und des Leidens. Und trotzdem – oder gerade deshalb – geben sich die Jünger die Hände und tanzen zu den Worten ihres singenden Meisters.

Der Bericht von diesem Reigentanz steht als Zeugnis einer lebendigen, körperlichen und gemeinschaftlichen Spiritualität außerhalb der biblischen Überlieferung. Ob er auf Tatsachen beruht oder Jesus später zugedichtet wurde, ist nicht bekannt – und auch nicht so wichtig. Wichtig ist das Bild: Da gibt es eine kraftvolle Mitte, um die sich ein Kreis bildet. Menschen geben sich die Hand. Eine gemeinsame Bewegung entsteht. Und für einen Moment wird es ganz hell, auch wenn allmählich die Nacht hereinbricht.

# 6

# Aus der Dunkelheit zum Licht

## Über Schwierigkeiten, Fehler und Plagen

*„Meister sein*
*ist eine Sache des Umgangs*
*mit den eigenen Fehlern.“*

Shunryû Suzuki Rôshi

## Ein verregneter Sonntagnachmittag

Sonntagnachmittag. Die Wolken hängen tief. Es regnet. Ich sitze zu Hause und langweile mich. Die Sonntagszeitung habe ich gelesen, den Kaffee getrunken, das Geschirr gespült – und jetzt? Gähnende Leere. Ich weiß nichts mit mir anzufangen. Meine Stimmung ist düster. Ich stehe auf und tigere unruhig durch die Zimmer. Da flüstert mir einer zu: „Das ganze Unglück der Menschen kommt daher, dass sie unfähig sind, in Ruhe allein in einem Zimmer zu bleiben." Blaise Pascal, französischer Mathematiker, Physiker, Ingenieur und Philosoph des 17. Jahrhunderts.

Der große Denker hat mich erwischt. Meine Langeweile hat weniger mit dem trüben Regenwetter draußen zu tun als mit mir selber. Ich scheine mich nicht sonderlich gut zu ertragen. Nochmals Pascal: „Nichts ist dem Menschen so unerträglich, wie in völliger Ruhe zu sein, ohne Geschäfte, ohne Ablenkung und Aufgabe. Dann fühlt er sein Nichts, seine Verlorenheit, sein Ungenügen, seine Abhängigkeit, seine Ohnmacht, seine Leere."

Schon zu Pascals Zeiten suchten die Menschen Geschäftigkeit und Ablenkungen, um sich selber möglichst aus dem Wege zu gehen. Das war damals nicht anders als heute. Selbst Pascal bildet da keine Ausnahme. Er war ein unruhiger Geist, selber wohl kaum fähig, allein ruhig in einem Zimmer zu sitzen. Stattdessen forschte und schrieb er unermüdlich, im Jahre seines Todes gründete er in Paris auch noch die erste Omnibusgesellschaft der Welt. Doch alle Aktivitäten und Erfolge konnten nicht verhindern, dass er sich zeitweise verloren fühlte in den „grauenvollen Räumen des Alls".

Während ich in den grauen Regennachmittag hineinstiere, bringt Pascal mich noch auf einen anderen Gedanken: Könnte es sein, dass meine Langeweile auch damit zu tun hat, dass ich in Gedanken dauernd auf der Flucht bin, statt mich auf diesen Moment hier und jetzt einzulassen? Der gelangweilte Mensch sei nicht gegenwärtig, er lebe allein für die Zukunft, stellt Pascal fest: „So leben wir nie, sondern wir hoffen zu leben, und während wir uns immer in Bereitschaft halten, glücklich zu sein, ist es unvermeidlich, dass wir es nie sind."

Dieser Satz enthält eine Gesellschaftskritik, wie sie treffender nicht formuliert werden könnte. Dass heute der sonntägliche Leerraum mit unzähligen Aktivitäten gefüllt wird, dass immer mehr Geschäfte auch an diesem letzten freien Tag geöffnet sind, zeigt nur, wie stark die Fluchttendenzen sind: Weg von der Gegenwart! Weg von mir selber! Weg von der eigenen Leere und Verlorenheit!

Das Glück ist so nicht zu finden, die Flucht führt nirgendwohin. Früher oder später holt einen das alte Unglück wieder ein. Nach langem Ringen und einer Gotteserfahrung, die ihn zutiefst erschüttert hatte, kam Pascal zu der Erkenntnis: „Das Glück ist weder außer uns noch in uns; es ist in Gott." Dieser knappe Satz hört sich an wie eine fromme und etwas arg simple Instant-Lösung für ein existenzielles Problem. Doch Pascal war überzeugt, dass jede Form von Zerstreuung das menschliche Unglück nur vertiefe, während die Langeweile dazu zwinge, nach dem Eigentlichen zu fragen und nach dem zu suchen, was dem Leben Sinn und Bedeutung gibt.

Es ist Sonntagnachmittag, die Wolken hängen tief und es regnet. Doch unterdessen langweile ich mich nicht mehr.

Danke, Pascal!

## Ein dürres Holz im Wüstensand

Lange Jahre ging ich – unbewusst – von der Annahme aus, dass das Leben leicht und problemlos verlaufen müsse. Mehr noch: Ich bildete mir ein, ein Recht auf ein unbeschwertes Leben zu haben. Jedes Hindernis empfand ich als Zumutung, beinahe als persönliche Beleidigung.

Heute weiß ich es etwas besser, auch wenn ich bei Schwierigkeiten schnell einmal aus dem Gleichgewicht gerate. Es ist doch offensichtlich: Das Leben *ist* schwierig, und Hindernisse gibt es immer wieder, ob es mir passt oder nicht. Ich mache mir etwas vor, wenn ich das Gegenteil erwarte. Die Wirklichkeit ist nicht so. Und es geht mir wesentlich besser, wenn ich akzeptieren kann, dass das Leben nun mal schwierig ist.

Wenn ich die Lebensgeschichten von Heiligen, Propheten und Mystikerinnen lese, begegnen mir lauter Menschen, die ein ziemlich schwieriges Leben hatten. Und trotzdem – oder wie ich vermute: gerade deshalb – waren sie zu Außergewöhnlichem fähig.

Ich kann und will mich nicht mit ihnen vergleichen. Aber ich kann von ihnen lernen. Sie zeigen, dass hinter dem, was mir schwierig oder sogar schlimm erscheinen mag, möglicherweise noch etwas ganz Anderes verborgen ist. Was? Ich weiß es nicht. Aber ich bin in der Beurteilung dessen, was ich als Schwierigkeit empfinde, etwas zurückhaltender geworden.

Es gibt Meister, die ihren Schülern absichtlich Hindernisse in den Weg legen, um sie aus der gewohnten Bahn zu werfen und vom Korsett ihrer Vorstellungen und Konzepte zu befreien. So verlangte ein Altvater in der ägyptischen Wüste, dass sein Schüler ein dürres Stück Holz in den Sand stecke und bis zur Blüte täglich mit einem Eimer Wasser begieße. Der Weg zur Quelle und zurück dauerte fast einen ganzen Tag. Eine unmögliche Zumutung! Doch der Schüler erfüllte den

Auftrag. Drei Jahre lang zog er jeden Tag den weiten Weg durch den heißen Wüstensand, um das kleine, dürre Holzstück zu begießen. Bis es zu blühen begann und Früchte trug.

Ich hätte das nie und nimmer gemacht. Ich hätte es gar nicht erst versucht. Ich wäre davongelaufen. So wie ich öfters versuche, vor Schwierigkeiten davonzulaufen. Doch die Geschichte aus der ägyptischen Wüste fasziniert mich, weil sie zeigt, was passiert, wenn einer es wagt, ein scheinbar unüberwindbares Hindernis anzugehen: Es verwandelt sich etwas. Neues Leben blüht auf. Die lange und geduldig ertragene Anstrengung trägt Früchte.

Nun ist das Leben selber ein Meister, der mich ab und zu vor eine schwierige Aufgabe stellt. Spontan wehre ich mich dagegen und versuche zu kneifen. Doch als Schüler kann ich die Herausforderung besser annehmen und die Sache anpacken, ohne genau zu wissen, was dabei geschehen wird.

Mit den Jahren habe ich auch entdeckt, dass einige Schwierigkeiten mir Tore geöffnet haben, die ohne sie verschlossen geblieben wären. Eine Erfahrung, von der auch die Wüstenmönche zu berichten wissen, wenn sie sagen: So wie ein Baum nicht wachsen und Wurzeln tragen kann, wenn er nicht von den Winden geschüttelt wird, so kommt ein Mensch in seinem geistlichen Leben nicht weiter, wenn er nicht Schwierigkeiten ausgesetzt ist.

Der mittelalterliche Mystiker und Dominikanermönch Johannes Tauler war überzeugt, dass der echte innere Friede „allein aus dem Unfrieden der Läuterung im Gedränge" geboren werde. Wenn der Mensch in die Enge getrieben werde, soll er es machen wie die Schlange, die sich zwischen zwei Steinen hindurchzwängt, um ihre alte Haut abzuschleifen. Jeder Mensch hat nach Tauler alte Häute abzustoßen, die ihn von seinem innersten Grund trennen: „Da ist manch dicke, gräuliche Haut darüber gezogen, so dick wie Ochsenstirnen, und die haben ihm seine Innerlichkeit so verdeckt, dass weder

Gott noch er selbst hineinkann: es ist verwachsen. Wisset, etliche Menschen mögen dreißig oder vierzig Häute haben, dicke, grobe, schwarze Häute wie Bärenhäute."

Das Leben ist schwierig. Jede Schwierigkeit und jedes Hindernis ist eine Gelegenheit, eine alte, „gräuliche" Haut abzuschleifen und etwas durchlässiger zu werden für das, was wirklich zählt.

Und trotz meiner vielen Bärenhäute wird mir eines allmählich klar: Die schwierigen Erfahrungen sind nicht die schlechtesten.

## Ungereinigtes säen

Wie alle Menschen habe ich so meine Ideale, denen ich mehr schlecht als recht zu genügen vermag. Ideale sind eine zweischneidige Angelegenheit. Sie verweisen darauf, wie groß ein Mensch sein kann, wenn er es wagt, die engen Grenzen seines Egos zu überschreiten. Aber sie können einen, der ihnen nicht zu genügen vermag, auch sehr klein machen.

Es ist zudem nicht ganz einfach, einem Ideal auch konkret nachzuleben. Angenommen, ich tue einem anderen Menschen etwas Gutes: Dann genüge ich gewiss einem Ideal. Was aber, wenn ich entdecke, dass diese gute Tat nicht ganz uneigennützig erfolgt ist? Dass ich mir davon auch eine Belohnung erhofft habe, zum Beispiel Anerkennung, Lob oder Bewunderung? Offensichtlich ist meine Motivation dann nicht mehr ganz rein. Hätte ich deshalb besser auf die gute Tat verzichten sollen, um mein Ideal rein zu halten?

Mit dieser Frage suchte ein Mönchsbruder in der Wüste seinen Altvater auf. Er wollte sich in der Barmherzigkeit üben, wurde aber bei jeder guten Tat von dem Verdacht geplagt, er mache dies nur, um den Menschen zu gefallen. Sein Altvater antwortete mit einem Gleichnis: „Zwei Bauern wohnen im gleichen Dorf. Der eine hat nur wenig und ungereinigtes Saatgut, das er ausstreut. Der andere sät nichts aus und erntet auch nichts. Wenn nun eine Hungernot kommt, welcher von den beiden hat zu leben?“ Der Bruder antwortete: „Der erste, der nur wenig und Ungereinigtes gesät hat.“ Der Vater nickte: „Deshalb lass uns wenigstens das Wenige und Ungereinigte säen, damit wir nicht des Hungers sterben.“

Dies ist eine durchaus praktische und zutiefst menschliche Sicht der Dinge: Der Mönchsbruder muss kein Engel sein. Er soll ganz Mensch werden, mit all seinen hellen und dunklen Seiten. Sonst verfehlt er sein Leben, und seine Fähigkeiten liegen brach. Die Folge wäre Hunger, eine schmerzhaft nagende innere Leere.

Natürlich gedeiht mit dem ungereinigten Saatgut auch allerlei Unkraut. So ist es nun einmal. Dies soll aber kein Grund sein, das ganze Saatgut zurückzubehalten. Die guten und reinen Saatkörner würden sonst verderben und keine Frucht tragen. Es bringt nichts, auf die angeblich reine Motivation zu warten, um dann zu handeln. Sie wird nie kommen. Jeder Handlung ist eine mehr oder weniger große Portion Eigennutz beigemischt. Die reine Handlung gibt es ebenso wenig, wie es den reinen Menschen gibt.

Kurz und klar sagt es Barsanuphius, ein Eremit, der im 6. Jahrhundert in der Nähe von Gaza gelebt hat: „Gib dir keine absoluten Vorschriften, denn sie bereiten dir nur Konflikte und Ängste. Prüfe statt dessen, was im Augenblick zur Verfügung steht. Halte dich ganz an das *Jetzt*." Mit anderen Worten: Wenn der Augenblick es erfordert zu handeln, dann handle. Aber immer im Bewusstsein, *wer* da handelt und *warum* er oder sie es tut.

Die Angst, den eigenen Idealen nicht zu genügen, ist letztlich auch ein Zeichen, dass ich mich viel zu wichtig nehme. Barsanuphius rät zu Demut und Geduld und gibt auch offen zu, dass er diesbezüglich immer wieder zu lernen hat: „Aber sieh nur, wie stolz ich jetzt bin, ich gebe dir Rat und bin doch selber schwach, kraftlos und gewiss kein Held. Aber deswegen verzweifle ich nicht. Ich habe einen Meister, der liebevoll seine Hand nach den Gestrauchelten ausstreckt, bis zu deren letztem Atemzug."

## Sei einfach!

Schreibstau. Ich sitze vor dem Computer und starre auf den Bildschirm. Das virtuelle weiße Blatt ist leer. Mir fällt einfach nichts ein. Dabei muss ich dieses Buch bald abschließen, die Zeit drängt. Unruhig spiele ich auf den Tasten herum, mache einen Abstecher ins Internet und kehre wieder zurück zum weißen Blatt. Ich tippe irgendetwas und lösche es gleich wieder. Einmal, zweimal, dreimal. Schließlich gebe ich auf und stelle entnervt den Computer ab. Es geht nicht. Ebbe. Trockenheit. Leere.

Ein paar Stunden später kommt mir der Zufall zu Hilfe. Ich lese in einer Agenturmeldung, dass wir Journalisten und Autoren einen Schutzheiligen haben: Er heißt Franz von Sales, lebte vor rund vierhundert Jahren in Savoyen und war Bischof von Genf. Als einer der ersten katholischen Kirchenführer setzte er das Massenmedium seiner Zeit ein, das Flugblatt, was ihn als Patron der schreibenden Zunft qualifizierte.

Franz von Sales beginnt mich zu interessieren. Ich erfahre, dass er mit seinem Buch *Anleitung zum frommen Leben* einen eigentlichen Bestseller geschrieben hat, der bis heute seine Leserinnen und Leser findet. Na ja, der Titel schreckt mich eher ab. Aber dann lese ich einige Sätze und komme ins Grübeln. Kann es sein, dass der Schutzheilige mir bei meinen missglückten Schreibversuchen eben über die Schulter geschaut hat?

„Hüte dich vor Eile, vor Traurigkeit und Ängstlichkeit", sagt er. Zu wem? Zu mir natürlich: Eben habe ich mich unter einen gewaltigen Druck gesetzt, angetrieben von der Angst, es nicht rechtzeitig zu schaffen. Und weil dabei nichts Brauchbares entstanden ist, bin ich ziemlich deprimiert. „Gewiss, du sollst immer nach dem Höchsten streben", meint Franz, „aber mit Maß, Ruhe und Geduld." Das ist leichter gesagt als getan.

Aber es ist so: Ich bin höchst ungeduldig, will sofort ein Ergebnis sehen. In eben diesem Willen sieht Franz das große Hindernis, und er empfiehlt mir: „Warte, bis der Wind der Eingebung für dich geht und die Segel deiner Seele füllt, dann wird das Schiff von selber losfahren. Nicht weil du es willst. Du empfängst nur den Wind, stimmst seiner Bewegung zu und lässt dich treiben." Inspiration heißt das lateinische Wort für diesen segensreichen Windstoß. Sie lässt sich nicht herbeizwingen. Sie geschieht. Oder sie geschieht nicht.

Und wenn sie nicht geschieht? Ruhig bleiben, meint der Heilige: „Wir verlangen manchmal so sehr, Engel zu sein, dass wir darüber vergessen, gute Menschen zu sein." Und ich übersetze: Es ist keine Tragödie, wenn mir einmal nichts einfällt. Ich muss nicht glänzen. Ich bin kein Engel, ich bin ein Mensch. Und das genügt vollkommen.

Einen Rat gibt mir Franz von Sales zum Schluss noch mit auf den Weg: „Sei einfach." Ich kann diesen Satz auf zwei Arten lesen: „Sei *einfach.*" Oder: „*Sei* einfach." Ob ich zur Einfachheit zurückfinde oder ob ich lerne, einfach zu *sein* – beides ist wichtig und tut gut. Und so ganz nebenbei hat sich unterdessen auch mein Schreibstau aufgelöst und die Finger hüpfen wieder mit spielerischer Leichtigkeit über die Tasten.

## Vom alten und vom neuen Menschen

Kürzlich konnte ich Geburtstag feiern. Was habe ich eigentlich zu Stande gebracht in all den Jahren? Je nach Tagesform fällt die Antwort unterschiedlich aus: Einiges, meine ich, wenn es mir gut geht, gar nichts, wenn es mir weniger gut geht. Die Wahrheit liegt vermutlich irgendwo dazwischen.

Wie immer die Bilanz auch ausfällt: So ganz zufrieden bin ich nicht. Ich hätte manches besser machen können. Und vor allem: Ich selber könnte und sollte doch ein besserer Mensch sein (was auch immer das heißen mag). Da ich es bisher nicht geschafft habe, befürchte ich, es überhaupt nie zu schaffen.

Die Bescheidung auf ein menschliches Maß, das Fehler und Schwächen mit einschließt, fällt mir offensichtlich schwer. Ich möchte weise sein, geläutert und gelassen wie ein Buddha. Ich bin es nicht. Ich komme weder mit mir noch mit dem Leben sonderlich gut zurecht. Ich stolpere öfters, falle gelegentlich, rapple mich wieder auf und gehe weiter.

Nun ist in vielen spirituellen Traditionen vom „neuen" Menschen die Rede, welcher nach einer bestimmten Erfahrung (z. B. Erleuchtung) oder einem bestimmten Ritual (z. B. Taufe) an die Stelle des „alten" tritt. Ich habe keine derartige Umkehr erlebt, vermutlich bin ich im Stadium des „alten" Menschen stecken geblieben. Ist das so schlimm?

Vielleicht sollte man diesen „neuen" Menschen nicht verklären. Auch große Geister sind letztlich nur Menschen wie du und ich, und eine Erleuchtung garantiert noch kein Leben ohne Schattenseiten.

Der Apostel Paulus zum Beispiel hat eine radikale Umkehr erlebt: Als Saulus verfolgte er die Christen, dann wurde er von einem Licht geblendet, fiel zu Boden, war drei Tage blind und erwachte als Paulus zu neuem Leben. Aber auch als neu erweckter Botschafter des christlichen Glaubens behielt er seinen etwas neurotischen, zwanghaften Charakter. Den alten Menschen ist er nie ganz losgeworden. „Ich begreife mein Handeln nicht“, notierte er traurig: „Ich tue nicht das, was ich will, sondern das, was ich hasse … Ich tue nicht das Gute, das ich will, sondern das Böse, das ich nicht will.“ Aus diesem Zwiespalt konnte er sich nicht befreien. Er setzte seine ganze Hoffnung darauf, am Schluss angenommen und befreit zu *werden* – als der, der er ist. Und fleißig schrieb er in seinen Briefen gegen die Tendenz an, sich aus eigenen Kräften zu einem Menschen ohne Schatten und Fehler machen zu wollen. Viel wichtiger war ihm, zu sich selber zu stehen, mit allen scheinbaren und wirklichen Schwächen – „denn wenn ich schwach bin, dann bin ich stark“.

Die Bibel ist voll von Gestalten, die auf eine geheimnisvolle Weise erleuchtet sind – und auf eine sehr menschliche Weise schwach. Es gibt Vorbilder des Glaubens wie Abraham, Moses, David oder Petrus, die nicht nur eine helle, sondern auch eine dunkle Seite haben: Sie lügen und betrügen, sie schimpfen und fluchen, sie intrigieren und streiten, sie verraten, fallen und scheitern. Natürlich gibt es auch anderes über sie zu berichten, doch in ihren Unvollkommenheiten sind sie mir eindeutig näher als mit ihren leuchtenden Seiten.

Fehler und Schwächen verweisen mich auf meine Grenzen. Ich mag das nicht, aber es ist gut so. Grenzen sind Orte der Erkenntnis. Hier erlebe ich, dass ich nicht perfekt bin und nicht allmächtig, dass ich nicht alles kann und nicht alles habe. Hier lerne ich, dass ich aufhören muss, „Gott zu spielen“, wie die Anonymen Alkoholiker sagen. Dieser Job ist bereits vergeben. Ich darf Mensch sein. Was will ich mehr?

## Die fünf Plagen

Bei Weisen des alten Indien bin ich der Lehre von den Fünf Plagen begegnet. Sie hilft mir, das, was im Leben schwierig und mühsam scheint, besser und tiefer zu verstehen. Nach dieser Lehre liegen dem menschlichen Leiden fünf Ursachen („Plagen") zu Grunde:

1. *Unwissenheit:* Der Mensch vermag das Wesen der Wirklichkeit nicht zu erkennen. Er lässt sich von den flüchtigen äußeren Erscheinungen täuschen. Was ihm dauerhaft erscheint, ist vergänglich, was er für beständig hält, ist in Bewegung. Er kann nicht unterscheiden zwischen Wirklichem und Unwirklichem, zwischen Sein und Schein. Er sieht eine in hunderttausend Einzelteile zersplitterte Welt und hat kein Gespür für die allen Erscheinungen zu Grunde liegende Einheit des Seins.

2. *Ichhaftigkeit:* Der Mensch kennt sich selber nicht. Er weiß nicht, wer er ist und wo seine Wurzeln liegen. Stattdessen definiert er sich über das, was er nach außen darstellt, was er tut und hat. Aus der beschränkten Perspektive seines Egos sieht er sich als isoliertes Wesen, das sich behaupten, abgrenzen und verteidigen muss. Er lebt selbstbezogen und nicht im Einklang mit der großen kosmischen Ordnung.

3. *Anhaften:* Das Ich, dieser „äußere Mensch", wird von zahlreichen Begierden bestimmt. Es sucht Macht, Besitz, Anerkennung, Erfolg. Es will ergreifen, festhalten, kontrollieren. Dabei braucht es immer mehr und ist doch nie zufrieden. Und wenn es etwas erreicht hat, wird es von der Angst umgetrieben, das Gewonnene wieder zu verlieren.

4. *Abneigung:* So wie das Ich (Ego) vieles will, so will es auch vieles *nicht*. Es bemüht sich unablässig, das Unerwünschte abzuwehren, um Enttäuschungen, Gefahren und Schmerzen zu vermeiden. Gelingt dies nicht, reagiert es mit Hass – dies ist die Kehrseite der Begierde.

5. *Angst vor dem Tod:* Das Ich weiß um seine Vergänglichkeit. Es klammert sich an Dinge, die ihm Dauerhaftigkeit vortäuschen. Es fürchtet den Tod. Der Tod ist das endgültige Ende des Ich, des äußeren Menschen. Wer – oder was – bleibt dann?

Alle fünf Plagen haben ihre Wurzel in der ersten, der *Unwissenheit.* Sie ist der Ackerboden, auf dem die Samen der anderen vier Plagen aufgehen. Diese Unwissenheit ist nicht mit dem im zweiten Kapitel erwähnten Nicht-Wissen zu verwechseln, das eine sehr hohe Form von Wissen sein kann. Unwissenheit dagegen ist eine Verblendung. Sie hat zwei Aspekte: Einerseits nimmt der unwissende Mensch die Wirklichkeit durch den Filter seiner Gedanken und Gefühle eingeschränkt und verzerrt wahr. Er sieht nicht, was wirklich *ist.* Anderseits hat er auch kein Gespür für das, was diese Wirklichkeit überschreitet und im Innersten zusammenhält. Er hält nur das für wirklich, was er greifen und begreifen kann.

Natürlich kann nicht jedes Leiden mit der Unwissenheit „erklärt" werden. Für manches Leiden gibt es überhaupt keine Erklärung. Da bleibt nur die offene Wunde, und jeder Versuch einer Erklärung wäre billig, wenn nicht purer Zynismus. Doch wenn es um die vielen kleinen, alltäglichen Plagen geht, die subjektiv sehr verschieden wahrgenommen werden, dann bildet die Lehre von den fünf Plagen ein nützliches Raster, um sie genau zu durchleuchten. Ob ich jetzt verärgert bin, ob mir der Stress zusetzt oder ob ich mich sorge: Wenn ich solche Situationen auf dem Hintergrund der fünf Plagen analysiere, dann erweitert sich mein Blickwinkel ich entdecke, was hinter einem Problem verborgen sein mag – und was ich selber dazu beitrage. Und ich trage immer etwas dazu bei. Manches Problem wäre ohne das Dazutun meines verwirrten Geistes gar keines.

Der Schlüssel zur Befreiung von den fünf Plagen heißt Aufmerksamkeit. Wenn ich weiß, dass meine Wahrnehmung immer stark subjektiv gefärbt und meist bereits eine Deutung des Wahrgenommenen ist, dann weiß ich auch, wie relativ sie ist. Ich lasse mich nicht mehr so leicht von meinen Vorstellungen einwickeln. Ich gewinne Distanz mir selber gegenüber – und lerne, zwischen Schein und Sein zu unterscheiden.

Wo die Unwissenheit erkannt wird, beginnt sie sich aufzulösen. Im Lichte wachsender Bewusstheit verschwindet sie allmählich. Die Sicht wird klar, das Verständnis tief und umfassend.

Die Frage bleibt natürlich, ob es mir gelingt, mich am eigenen Schopf aus dem Sumpf der Unwissenheit zu ziehen. Die östliche Mystik ist diesbezüglich optimistischer als die christliche. Doch beide Traditionen sehen die Befreiung oder Erlösung als Folge eines Zusammenspiels von eigenem Bemühen und Gnade.

Ich gehe davon aus, dass es nicht allein meine Aufgabe ist, mich von der Unwissenheit zu befreien. Es mag genügen, dass ich bereit bin, mich von ihr befreien zu *lassen* – und wenn auch nur für einen ganz kurzen erleuchteten Augenblick.

Ein Gebet aus den Upanischaden lautet:

„Vom Unwirklichen führe mich zur Wirklichkeit,
aus der Dunkelheit führe mich zum Licht,
aus dem Tode führe mich zur Unsterblichkeit."

# 7

# Neue Horizonte

## Die Umkehr beginnt im Kopf

*„Wenn die alten Worte*
*auf der Zunge absterben,*
*entspringen dem Herzen*
*neue Melodien."*

Rabindranath Tagore

## Sechzehnhundert Gedanken in einem Bus

Manchmal begegne ich im Bus einem Mann, der ganz alleine laut vor sich hinredet. Er gibt Kommentare ab zu diesem und jenem, er spricht über irgendwelche Leute, die ich nicht kenne, und erzählt verworrene Geschichten, die ich nicht verstehe. Nun sitzt aber im selben Bus mindestens noch einer, der ebenfalls mit sich selber spricht, und der bin ich. Mit dem kleinen Unterschied, dass ich meine Selbstgespräche stumm führe. Aber sonst? Auch ich kommentiere dies und das, auch ich spreche über Leute und erzähle mir komplizierte Geschichten. Pausenlos denkt und schwatzt es in mir.

Man schätzt, dass einem Menschen pro Tag rund sechzigtausend Gedanken durch den Kopf ziehen. Das macht zweieinhalbtausend Gedanken pro Stunde oder zweiundvierzig Gedanken pro Minute. Und jetzt stellen Sie sich einmal das Gedankengewirr in diesem Bus vor! Angenommen es sind etwa vierzig Fahrgäste, dann macht das schon gut sechzehnhundert Gedanken pro Minute. Nur ganz wenige werden laut ausgesprochen. Die allermeisten ziehen stumm durch die Köpfe und verschwinden wieder. Würden alle diese Gedanken exakt aufgezeichnet, dann kämen außenstehende Beobachter wohl zu dem Schluss, hier sei eine Horde Irrer unterwegs. Doch es genügt schon, für ein paar Minuten den eigenen Gedankenwirrwarr zu beobachten, um zum gleichen Schluss zu gelangen.

Es gab Zeiten, da saß ich regelmäßig zu Hause im Meditationssitz und versuchte mich im Nicht-Denken. Doch perfiderweise schlich sich immer wieder ein Gedanke ein, dann ein zweiter, ein dritter, und eh ich mich versah, war ich wieder voll in meine Selbstgespräche verwickelt. Das ärgerte mich, ich machte mir Vorwürfe, und so purzelte ein Gedanke nach dem anderen auf mich nieder, während ich doch in aller Seelenruhe meditieren wollte.

Vor vielen hundert Jahren suchte ein junger Eremit in der Wüste seinen Altvater auf, weil die vielen Gedanken ihn nicht zur Ruhe kommen ließen. Der Alte forderte ihn auf, ins Freie zu gehen und mit seinem Gewand die Sturmwinde aufzuhalten. Das sei unmöglich, entgegnete der Junge. Darauf der Alte: „Genau so, wie du die Winde nicht aufhalten kannst, kannst du auch die Gedanken nicht hindern, zu dir zu kommen. Aber es ist deine Aufgabe, stehen zu bleiben, wenn sie kommen."

Das ist nun eine durchaus praktikable Methode: Ich wehre mich nicht gegen die vielen Gedanken. Ich halte sie aber auch nicht fest und lasse mich von ihnen nicht mitreißen. Ich bleibe vielmehr stehen und beobachte, wie sie kommen, vorbeiziehen – und wieder gehen. Ich habe nichts anderes zu tun, als dazusein und ihnen zuzuschauen, als ob sie mich nichts angingen. Mal geht der Wind heftig und stürmisch, mal weht bloß ein laues Lüftchen – was soll's? Immer neue Gedanken tauchen auf und verschwinden wieder – was bekümmert mich das?

Das Problem sind nicht die Gedanken, sondern meine fehlende Distanz ihnen gegenüber. Wenn ich mich von ihnen fesseln lasse, tragen sie mich weg vom gegenwärtigen Augenblick. Mal dahin, mal dorthin, oft auch in mehrere Richtungen zugleich. Ich werde hin- und hergerissen und verliere den Boden unter den Füßen.

Deshalb ist es gut, wenn ich wieder einmal dem Mann begegne, der im Bus laut vor sich hinredet. Er hält mir den Spiegel hin. Ich schaue ihm zu und entdecke dabei mich selber. Und dann kann es sein, dass mein gedankenverlorenes Selbstgespräch für einen ganz kurzen Moment unterbrochen wird und ich nur noch schaue.

## Der Affengeist

Vom Morgen früh bis am Abend spät fällt mein unruhiger Geist seine Urteile – meistens ohne dass ich es überhaupt bemerke: Dies ist gut und jenes schlecht, das will ich und jenes nicht, dies ist falsch und jenes richtig, K. mag ich und W. weniger, dies ist mittelmäßig und mittelmäßig sein ist schlecht, dieses passt mir und jenes nicht, da ist es schön und dort gar nicht – und so weiter. So geht es den ganzen Tag hin und her. Buddha spricht vom „Affengeist", der im Kopf herumturnt und sich von einem Gedanken zum nächsten schwingt. Der Affengeist kategorisiert, bewertet und schubladisiert. Immer will er das eine und das andere nicht. Nervös hüpft er hin und her.

Wahrscheinlich versucht mein Affengeist, mit seiner wirbligen Geschäftigkeit die Wirklichkeit in den Griff zu bekommen. Doch genau besehen geschieht das Gegenteil: Hinter dem Vorhang des dauernden Bewertens und Urteilens entschwindet die Wirklichkeit. Ich sehe nicht mehr, was wirklich *ist,* sondern nur noch, was ich *denke*, dass sei. Und das ist ein großer Unterschied.

Der Affengeist schürt eine permanente Unruhe. Er hetzt mich, das eine zu erobern und das andere zu bekämpfen. Er weckt Begierden und Ängste. Er entwirft immer neue Szenarien einer möglichen Zukunft und raubt mir dabei die Gegenwart.

Die frühchristlichen Mönche übten sich darin, dieses Affentheater im Kopf aufzulösen, um Ruhe und inneren Frieden zu finden. „Das Himmelreich ist ein seelischer Zustand, der durch eine völlige Freiheit von Affekten charakterisiert wird und mit dem die wahre Erkenntnis des Seienden einhergeht", sagt Evagrius Ponticus. Die Grundhaltung der Wüstenmönche war die Wachsamkeit, die Konzentration auf den gegenwärtigen Augenblick. Dorotheus von Gaza schreibt: „Tragen wir für uns selbst Sorge, meine Brüder, seien wir wachsam. Wer gibt uns die Gegenwart zurück, wenn wir sie verlieren?"

Zur Einstimmung in die Gegenwart verhilft eine ganz einfache Frage: Was ist falsch an diesem Augenblick jetzt? Der Affengeist will immer etwas anderes als das, was *ist.* Aber was ist falsch an diesem Augenblick? Je stärker ich mich auf diese Frage konzentriere, je präziser ich meine Aufmerksamkeit auf die Schnittstelle richte, wo Vergangenheit und Zukunft sich treffen, auf diesen Punkt, an dem ich *jetzt* bin, umso deutlicher wird mir: Nichts ist falsch. Ich bin da, ich atme, ich darf sein. Leben in Fülle. Je tiefer ich diesen Moment wahrnehme, umso deutlicher spüre ich: Es ist gut so.

Das ist jedes Mal eine überraschende Entdeckung. Die Unruhe legt sich. Es wird still. Ich komme an. Ich bin hier. In der Wirklichkeit des gegenwärtigen Augenblicks.

In der Überlieferung der Wüstenväter heißt es: Wenn Abba Agathon etwas sah und sein Herz über die Sache urteilen wollte, sprach er zu sich: Agathon, tu das nicht. Und so kam sein Denken zur Ruhe.

Der Verzicht auf das dauernde Urteilen durchlüftet den Geist und befreit ihn von überflüssigem gedanklichem Ballast. Es ist nicht nötig, dass ich zu allem und jedem meine (meist unausgesprochenen) Kommentare abgebe. Ich kann die Dinge auch einmal sein lassen. Gelassenheit in der Gegenwart, ohne turnende Affen im Kopf.

Abba Agathon wandte übrigens noch einen anderen Trick an, um seinen Affengeist zur Ruhe zu bringen: Er trug drei Jahre lang einen Kieselstein im Mund, bis er zurechtkam mit dem Schweigen. Ob diese Methode zur Nachahmung zu empfehlen ist, wage ich zu bezweifeln.

## Türhüter des Herzens

Der sorgfältige Umgang mit den eigenen Gedanken gehört zum ABC jeder spirituellen Praxis. Gedanken haben Kraft, sie schaffen Wirklichkeiten. „Der Mensch wird, was er denkt“, erklärt der Mönchsvater Cassian.

Nun kommen die meisten Gedanken einfach so, tauchen scheinbar aus dem Nichts auf, hüpfen durch meinen Kopf, verursachen einige kleinere oder Größere Turbulenzen und verschwinden wieder. Einige lassen sich allerdings auch nieder – wenn ich es zulasse. Es ist meine Aufgabe, zu entscheiden, welchen ich Gastrecht gewähren will. Eine wichtige Entscheidung, denn Gedanken schaffen Wirklichkeiten.

Der Talmud, das große jüdische Lehrbuch zieht eine direkte Linie von den Gedanken zum Schicksal:

„Achte auf deine Gedanken, denn sie werden Worte. Achte auf deine Worte, denn sie werden Handlungen. Achte auf deine Handlungen, denn sie werden Gewohnheiten. Achte auf deine Gewohnheiten, denn sie werden dein Charakter. Achte auf deinen Charakter, denn er wird dein Schicksal.“

Natürlich wäre es zu einfach, jedes Schicksal linear aus den Gedanken abzuleiten. Manch ein Schicksal bleibt letztlich ein Geheimnis. Aber es wäre auch zu einfach, eine Situation allein mit dem Hinweis auf ein nicht näher fassbares Schicksal zu „erklären“ und sich damit aus der Verantwortung zu stehlen.

Wenn ich entlang der Linie, wie sie der Talmud beschreibt, zurückgehe, dann verstehe ich, dass das Schicksal nicht einfach von außen über mich hereinbricht, sondern in einem immer neu zu bestimmenden Maß auch etwas mit mir und meinem Denken zu tun hat. Deshalb ist der Anfang dieser Kette so wichtig. Hier habe ich die Möglichkeit, die Weichen zu stellen, die Richtung zu bestimmen.

Es ist leider nicht so, dass ich automatisch nur die guten

Gedanken wähle. Im Gegenteil: Negative Gedanken scheinen eine beinahe magische Anziehungskraft auszuüben. Wenn ich mich beobachte, stelle ich fest, dass ich oft bei Gedanken verweile, die mir keineswegs gut tun – geschweige denn jemand anderem. Und die kaue ich manchmal so lang und breit, bis sie völlig ungenießbar werden – und ich selber wahrscheinlich auch.

„Sei ein Türhüter deines Herzens und lass keinen Gedanken ohne Befragung herein“, mahnt der Mönchsschriftsteller Evagrius Ponticus. Als Türhüter schaue ich genau hin. Ich prüfe den Gedanken, der Einlass begehrt: Was bringt er mit sich? Welche Gefühle hinterlässt er? Ruhe oder Unruhe? Frieden oder Unfrieden? Gelassenheit oder Angst? Und: Will ich mich auf diesen Gedanken einlassen? Will ich es wirklich? Nach dieser Befragung kann ich entscheiden, ob ich ihm die Tür öffnen will oder nicht.

Manchmal schläft aber der Türhüter, und ein ungebetener Gast schleicht sich ein. Dann wäre Evagrius vielleicht so zu ergänzen: „Sei ein Rausschmeißer deines Herzens und wirf jeden Gedanken hinaus, der dir nicht gut tut!“ Als Rausschmeißer packe ich den unangenehmen Gesellen, der sich in meinem Herzen herumtreibt, und stelle ihn vor die Tür. Er bekommt Hausverbot. Ich will nichts mehr mit ihm zu tun haben.

Sollte er trotzdem wiederkommen und versuchen, sich einzuschleichen, dann gibt es einen weiteren Trick, um ihn loszuwerden: Die Konzentration auf einen *anderen* Gedanken. Es ist unmöglich, zwei Gedanken gleichzeitig zu denken. Die alten Mönche übten sich darin, destruktive Gedanken gezielt durch konstruktive zu ersetzen. Oft wählten sie dafür ein Wort aus der Bibel. So wird von einem Eremiten berichtet, der sich vor der Einsamkeit in der Wüste fürchtete. Als Therapie soll er in seiner Zelle nächtelang den immer gleichen Vers aus dem Buch Genesis rezitiert haben: „Fürchte dich nicht, Jakob, nach Ägypten hinabzuziehen." Damit soll es ihm gelungen sein, die verlorene Ruhe zurückzugewinnen. Bewusst wird hier dem ungeordneten Denken (in dem allein überzogene Ängste sich entfalten können) ein klarer, richtungsweisender Gedanke gegenüber gestellt. „Metanoia" heißt dies in der alten Kirchensprache: Umkehr des Herzens, Sinnesänderung, neues Denken.

Da kann ich groß über Gott und die Welt philosophieren, und plötzlich taucht ein ganz konkretes Problem auf und ich gerate völlig aus der Fassung. Was nützen mir meine großen Gedanken, wenn ich mit den kleinen Dingen des Alltags nicht zurechtkomme? Zugegebenermaßen nicht viel. Aber manchmal führen sie mich immerhin an die richtige Adresse.

Als ich einmal in eine heikle Situation geraten war, die mir manch schlaflose Nacht bereitete, fand ich Rat und Hilfe bei Meister Eckhart. Er ist nicht nur ein tiefsinniger Mystiker, sondern auch ein warmherziger und talentierter Seelsorger.

Während ich meine Schwierigkeit von vorn bis hinten durchschritt und durchlitt, erzählte mir Eckhart ein Gleichnis: „Nun setze ich den Fall, ein Mensch habe hundert Mark; davon verliert er vierzig und behält sechzig. Will der Mensch nun immerfort an die vierzig denken, die er verloren hat, so bleibt er ungetröstet und bekümmert."

Und ich verstand: Was meine Situation so schwierig machte, war die Weigerung, sie zu akzeptieren. Ich hatte mir in allen Farben ausgemalt, wie schön es doch früher war und wie schön mein Leben sein könnte, wenn alles beim Alten geblieben wäre. Ein Gedanke, der keineswegs hilfreich war, denn er stand offensichtlich im Widerspruch zur Wirklichkeit. Ich begann mich noch stärker gegen die aktuelle Situation aufzulehnen, ohne daran etwas ändern zu können, was alles nur noch schlimmer machte. Ich blieb ungetröstet und bekümmert.

Nochmals Eckhart: „Wie könnte auch der getröstet sein und ohne Leid, der sich dem Schaden zukehrt und dem Leid und das in sich und sich in es einprägt und es anblickt, und es schaut wiederum ihn an, und er plaudert mit ihm und beide schauen sich an von Angesicht zu Angesicht."

Das kam mir bekannt vor, hatte ich mich doch in einen unheilvollen Dialog mit meiner Schwierigkeit verstrickt. Ich konnte mich von ihr nicht mehr lösen. Und je mehr ich strampelte, umso enger wurde die Fessel. Ich starrte sie an, sie starrte mich an, und ich war gelähmt.

Eckhart zeigte mir vier Schritte zur Befreiung von dieser Lähmung.

Schritt eins: Ich sollte mir nicht länger ausmalen, wie schön es wäre, wenn die Dinge anders gelaufen wären. Ein solcher Gedanke ist reine Spekulation und verfestigt nur mein Unglück: „Solange du denkst, wäre es anders gekommen, so wäre es besser, wirst du niemals Frieden gewinnen." Also ließ ich die sinnlosen Gedankenspielereien „Was wäre, *wenn* ..." und versuchte, mit dem zu leben, was *jetzt* wirklich *war*.

Schritt zwei: Ich sollte aufhören, mich dauernd mit jenen zu vergleichen, die es scheinbar besser haben: „Willst du getröstet werden, so vergiss die, denen es besser geht, und denke an all die, denen es schlechter geht." Wenn schon verglichen werden muss, dann wenigstens in die richtige Richtung. Indem ich lernte, nach unten zu blicken, verlor meine unerfreuliche Situation an Gewicht.

Schritt drei: Statt über das zu jammern, was ich verloren hatte, sollte ich dankbar sein für die guten Zeiten, die ich *vor* dieser unerfreulichen Veränderung erleben durfte: „Du sollst Gott danken, der dir gegeben hat, was du verlieren konntest." Das Danken für etwas, das ich unterdessen verloren hatte, fiel mir nicht leicht. Aber es öffnete mir die Augen: Was früher selbstverständlich schien, erwies sich jetzt, im Rückblick, als kostbares Geschenk. Die Dankbarkeit begann mein Denken zu verändern (die beiden Worte sind ja nicht zufällig miteinander verwandt!). Noch einmal Eckhart: „Wäre ‚Danke' das einzige Gebet, das du dein Leben lang sprichst, es wäre genug."

Schritt vier, der wichtigste von allen: Statt mich auf das zu fixieren, was ich verloren hatte, sollte ich auf das Gute achten, das mir auch weiterhin erhalten blieb. Am Beispiel der verlorenen vierzig Mark: „Wäre es aber so, dass dieser Mensch sich den sechzig Mark zukehrt, die er noch hat, und sich in die sechzig versenkte und die von Antlitz zu Antlitz anschaute und mit *ihnen* plauderte, so würde er sicherlich getröstet."

So lehrte mich der Meister, neu zu denken, neu zu sehen. Eine Mahnung Eckharts prägte ich mir wie ein Mantra ein: „Gedenke des Guten, das du noch hast und behältst." Ich trug diesen Satz lange mit mir. Er eröffnete mir neue Horizonte. Ich sah einen Weg vor mir und konnte wieder gehen.

Und eines Tages, als ich mich umdrehte, um nach der Schwierigkeit zu sehen, die mir so unendlich viel Mühe bereitet hatte, war sie – einfach weg.

## Die Welt als Spiegel

Wie wirklich ist die so genannte Wirklichkeit? Üblicherweise gehe ich davon aus, die Wirklichkeit zu kennen. Ich nehme an, dass eine Situation objektiv und unverrückbar so ist, wie ich sie wahrnehme. Das aber ist offensichtlich eine Täuschung: Jemand anders wird die genau gleiche Situation möglicherweise ganz anders wahrnehmen. Was ich als Wirklichkeit bezeichne, ist meine *Vorstellung* von der Wirklichkeit. Und diese Vorstellung wird geformt durch meine Geschichte, meine Erfahrungen, meine Erwartungen.

Es mag sein, dass sich in besonderen Augenblicken für den Bruchteil einer Sekunde die unverstellte Wirklichkeit zeigt. Aber auch das ist nicht ganz sicher. Es könnte keine Erleuchtung, sondern eine weitere Täuschung gewesen sein.

So muss ich davon ausgehen, dass ich (fast) immer nur *meine* Wirklichkeit wahrzunehmen vermag und dass diese oft mehr mit mir zu tun hat als mit dem, was ich draußen vorzufinden meine. „Quidquid recipitur, ad modum recipientis recipitur – Was immer empfangen wird, das wird auf die Weise des Empfängers empfangen“, besagt eine mittelalterlicher Spruchweisheit.

Das wusste schon der griechische Fabeldichter Äsop, der in der Nähe von Athen an einer Straße saß, als ein vorbeiziehender Reisender ihn fragte: „Wie sind die Leute in Athen?“

Äsop entgegnete: „Sag mir zuerst, woher du kommst und wie die Leute dort sind.“

„Ich komme aus Argos, dort sind die Leute unfreundlich, ungerecht und streitsüchtig, deshalb ging ich fort.“

„Schade, denn die Leute in Athen sind genau gleich.“

Etwas später kam ein anderer Reisender und stellte die gleiche Frage. Als Äsop sich bei ihm nach der Herkunft erkundigte, kam dieser ins Schwärmen: „Ich komme aus

Argos, dort sind die Leute herzlich, offen und gastfreundlich!"

„Schön", lächelte Äsop, „denn die Leute in Athen sind genau gleich."

So wie ich auf die Welt zugehe, so begegnet sie mir. Meine Welt ist mein Spiegel. So wie ich sie sehe, so bin ich. Wenn ich nach außen zeige und über die vielen Dinge um mich herum rede, dann zeige ich immer auch auf mich und sage über mich einiges aus.

Wie die Leute in Argos oder Athen auch immer sein mögen: Wenn ich mit mir selber im Frieden bin, werde ich mich dort wohl fühlen – und umgekehrt. Meister Eckhart: „Mit wem es recht steht, wahrlich, dem ist es an allen Orten und bei allen Menschen recht. Mit wem es aber nicht recht steht, dem ist es an keinem Ort und bei keinem Menschen recht."

Die Frage lautet also: Wer geht da nach Athen? Und wie geht er, in welcher Stimmung, mit welchen Vorstellungen, mit welchen Erwartungen? Davon wird es abhängen, ob er in Athen unfreundliche oder herzliche Leute trifft.

Daraus ergeben sich zwei Schlussfolgerungen: Erstens bin ich weniger von den äußeren Umständen abhängig, als ich meine. Ich kann diese Umstände auch nicht länger für meine Befindlichkeit verantwortlich machen. Ich selber bin verantwortlich für meine Welt. Die zweite Folgerung: Ich muss nicht die Menschen in Argos und Athen ändern, obwohl ich das unentwegt versuche (ohne Erfolg allerdings). Aber ich kann *mich* ändern. Ich kann beginnen, mich selber und die Welt mit neuen Augen zu sehen.

Wie also sind die Leute in Athen? Genau so wie ich. Und zugleich auch ziemlich anders …

## Schlamm, Dreck und ein Wunder

Ich wälze ein Problem. Ich betrachte es von allen Seiten, drehe es hin und her und komme doch zu keiner Lösung. Ich trage es mit mir, den ganzen Tag hindurch und auch in der Nacht. Es lässt mich nicht zur Ruhe kommen. Es? Nein: *Ich* lasse mich nicht zur Ruhe kommen. Ich verkralle mich in das Problem und komme nicht mehr los von ihm. Und je mehr ich mich mit ihm beschäftige, umso größer wird es. Mein Blick ist eingeschränkt, mein Denken eng. Würde ich das Problem für einen Moment liegen lassen, durchatmen, aufsehen, den Blick in die Weite schweifen lassen – es wäre womöglich gar kein Problem mehr.

Nun ja, das ist eine alte Geschichte – und nicht nur meine: Als die Israeliten auf der Flucht aus Ägypten von den Truppen des Pharao verfolgt wurden, standen sie plötzlich vor einer unüberwindbaren Schranke, dem Roten Meer. Doch dann geschah ein Wunder. Das Wasser teilte sich, und sie konnten hindurchziehen ans andere Ufer.

Man kann sich vorstellen, wie groß ihre Freude und ihre Begeisterung waren. Es soll aber zwei Ausnahmen gegeben haben, Reuven und Schimon: Diese beiden waren nämlich keineswegs begeistert, als das Meer sich teilte und ein Weg sichtbar wurde. Sie schauten gar nicht genau hin. Sie sahen nur den braunen, sumpfigen Boden vor ihren Füßen, und das gefiel ihnen gar nicht. Sie schimpften über den Dreck, der an ihren Schuhen klebte, und über die Strapazen, die Moses ihnen zumutete. Achtlos stapften sie der Menge nach und fluchten, was das Zeug hielt. Diese Sumpftour war nun wirklich das Allerletzte, was sie sich gewünscht hatten.

Reuven und Schimon hatten genug. Sie wollten zurück nach Ägypten, wo es bei aller Not und Unfreiheit zumindest einige Annehmlichkeiten gab. Doch sie wagten es nicht, auszubrechen. Sie zogen den anderen nach. Kein einziges Mal schauten sie auf. Ihr Blick blieb am sumpfigen Boden kleben. Als jene, die vorausgegangen und am anderen Ufer angekommen waren, fröhliche Lobgesänge anstimmten, schüttelten die beiden verärgert den Kopf: Was gab es da zu feiern?

Für Reuven und Schimon ist das Wunder am Roten Meer nicht passiert. Mir geht es wie ihnen. Ich stampfe mit wechselnder Zufriedenheit durch mein Leben, schimpfe dabei auch mal ganz kräftig vor mich hin und vergesse oft, den Blick von den kleineren oder Größeren Widrigkeiten zu lösen und in die Weite schweifen zu lassen. So geschehen auch für mich keine Wunder.

Zwar ist es schon richtig, auf den Weg zu achten, den ich gehe. Aber wenn ich immer nur auf den Boden starre, verliere ich die Orientierung. Es ist der Blick in die Ferne, der die Schritte lenkt. Der Weg mag gelegentlich anstrengend und dreckig sein. Aber ist das so wichtig, angesichts des weiten Horizonts, der sich vor mir auftut?

Die Erweiterung des Horizonts kann ein scheinbar unlösbares Problem auflösen, wie C. G. Jung festgestellt hat: „Irgendein höheres und weiteres Interesse tritt in den Gesichtskreis, und dadurch verliert das Problem die Dringlichkeit. Es wird nicht in sich selber logisch gelöst, sondern verblasst gegenüber einer neuen und stärkeren Lebensrichtung."

Hätten Reuven und Schimon doch nur ein einziges Mal aufgeschaut, ihr Problem hätte sich auf der Stelle in Nichts aufgelöst! Sie hätten allen Schlamm und Schmutz sogleich vergessen und sich mit den anderen über ihre wundersame Rettung gefreut.

Und was ist übrigens mit meinem Problem, das mich scheinbar nicht mehr loslässt?

## Jenseits des Denkens

Eine Möglichkeit, den ununterbrochenen Gedankenfluss zu unterbrechen und dem Denken eine neue Richtung zu geben, ist die Auseinandersetzung mit einem Koan. Der Begriff Koan kommt aus dem Zen-Buddhismus. Dem Schüler wird eine Aussage mit auf den Weg gegeben, die für den Verstand keinen Sinn macht, oder eine Frage, die mit den Mitteln der Vernunft nicht zu lösen ist.

Ein Koan entzieht sich der normalen Art und Weise des Begreifens. Es ist ein Rätsel, das nie im üblichen Sinne gelöst oder erklärt werden kann. Es ist ein Paradoxon, was nichts anderes heißt, als dass es jenseits des Denkens liegt (vom griechischen *para* und *dokein*). Wo das logische und begriffliche Denken an seine Grenzen stößt, bleibt am Schluss nur der Sprung in eine neue, intuitive Art des Verstehens. Zen-Übende schlagen sich oft jahrelang damit herum, bis ihnen das vielleicht gelingt. Viele schaffen es nie.

Es gibt ganze Sammlungen von Koans. Eines, das unsere ganze Wahrnehmung radikal in Frage stellt, lautet:

„Ein Mann geht über die Brücke.

Sieh! Die Brücke fließt, und das Wasser ist unbeweglich!"

Das erscheint recht absurd. Aber muss diese Aussage deshalb falsch oder unsinnig sein? Oder verbirgt sich dahinter eine Wahrheit, die nur für den Verstand unzugänglich ist?

Wie gesagt: Das diskursive Denken führt hier nicht weiter. Ein Koan verlangt ein „Denken ohne Gedanken" (was in sich wiederum ein Koan ist). Es fordert auf, tiefer zu gehen, mit ihm zu ringen, es auf alle möglichen Weisen zu berühren, zu schmecken, zu kauen – bis es vielleicht eines Tages sein Geheimnis preisgibt.

„Wenn beide Hände zusammenklatschen, so entsteht ein

Ton", sagte der Meister. „Nun höre auf den Ton der einen Hand."

Das ist natürlich unmöglich. Aber jeder spirituelle Weg führt an die Grenzen des Möglichen – und dann noch einen Schritt weiter. Das Koan mag den rational geschulten Geist arg strapazieren. Doch es kann ihm zugleich als Sprungbrett in eine neue Ebene der Wirklichkeit dienen.

Viele Jesus-Worte sind wie Koans und erzwingen eine radikale innere Umkehr. Etwa wenn er sagt: „Die Ersten werden die Letzten sein." Oder: „Wer sein Leben verliert, wird es gewinnen." Auch das Kreuz, dieses zentrale Symbol der Christenheit, ist wie ein einziges, großes Koan. Mit der Logik und der Vernunft ist ihm nicht beizukommen. Es bleibt ein Zeichen voll schreiender Widersprüche. Die beiden Balken durchkreuzen alle Konzepte und Kategorien. Nichts geht mehr. Etwas ganz Neues bricht auf.

Schließlich ist das Leben selber oft genug ein Koan. Es gibt so vieles, was ich nicht begreifen kann, was mir unverständlich und widersinnig scheint. So viele Dinge, über die ich mir den Kopf zerbreche, ohne dabei Klarheit und Einsicht zu gewinnen. So viele Fragen, auf die ich bei allem Nachdenken keine Antwort finde. Nehme ich sie als Koan, betrete ich eine neue Ebene. Ich muss nicht mehr versuchen, das Unbegreifbare zu begreifen. Ich lasse es vielmehr in seiner ganzen Unbegreiflichkeit stehen. Und dann kann es gelegentlich – aber lange nicht immer – passieren, dass sich auf eine ganz überraschende Weise eine Tür auftut und ich zu verstehen beginne, ohne erklären zu können.

Eines meiner liebsten Koans stammt wiederum aus dem Zen. Es heißt schlicht und einfach: „Jeder Tag ist ein guter Tag." Ich sage es mir so oft als möglich. Und versuche, nicht darüber nachzudenken. Denn ich weiß und erfahre es oft genug, dass nicht jeder Tag ein guter Tag ist. Zugleich aber ahne ich, dass es eben doch stimmen könnte: Jeder Tag ist ein guter Tag.

Ist in diesem knappen Koan womöglich die Essenz aller Religionen zusammengefasst? Und erfordert es vielleicht jene ganz andere Art des Verstehens, die mit dem alten Begriff „Glauben" bezeichnet wird?

# 8

# Die Kunst des Seins

## Meditieren ohne Anstrengung

*„Das Herz wurde mir warm,*
*und in meiner Meditation*
*entzündete sich ein Feuer.“*

(Aus einem Psalm Davids,
in der Übersetzung
durch Juan de la Cruz)

## Nichts hinzufügen, aber vieles weglassen

Es gibt immer wieder Männer und Frauen, die setzen sich regelmäßig hin, um nichts zu tun. Einfach nichts. Sie sitzen still, ohne sich zu bewegen. Die Augen haben sie geschlossen. Sie schweigen.

Das erscheint merkwürdig, in einer Welt pausenloser Geschäftigkeit schon fast störend: Wie kann jemand seine Zeit mit Nichtstun verplempern, wo es doch zum guten Ton gehört, immer furchtbar beschäftigt zu sein und zu wenig Zeit zu haben.

Mit Stillsitzen und Nichtstun lässt sich kein Geld verdienen und kein Staat machen. Es locken keine Gewinne, keine Prämien, keine Erfolge. So gesehen ist es eine ziemlich unnütze Angelegenheit. Aber gerade das gibt dieser Übung ihren besonderen Wert: Sie lässt sich nicht für irgendwelche Zwecke einspannen. Wer sitzt und schweigt, betritt neue Räume jenseits des scheinbar Nützlichen und Gewinnbringenden. Freiräume für die immer wieder geplagte Seele.

Dasitzen und nichts tun ist Meditation. In den mystischen Traditionen von Ost und West eine weit verbreitete Übung. Wie Felsen in der Brandung stehen die Kontemplativen, die sich mitten in aller Betriebsamkeit Zeit nehmen, um einfach nur da zu sein. Wach, aufmerksam und offen.

Nichtstun? Nichts einfacher als das, möchte man meinen. Wer es versucht, weiß, dass dies nicht stimmt. Es ist schon einigermaßen schwierig, den Körper bewegungslos ruhen zu lassen und dabei wach zu bleiben. Noch schwieriger ist es, den unermüdlich tätigen Geist nichts tun zu lassen. Das alles braucht einige Übung, und die Gefahr ist groß, dass dabei aus dem Nichtstun wieder ein angestrengtes Tun wird. Aber eine Meditation, die „gemacht" werden muss, ist keine. Es gibt nichts zu machen – aber vieles zu lassen, und das ist oft schwieriger. Spiritualität, sagt Meister Eckhart, ist keine Addition, sondern eine Subtraktion: Es muss nichts hinzugefügt, aber vieles weggelassen werden.

Für den mystisch inspirierten Seelsorger Jean-Pierre de Caussade liegt das Geheimnis der Meditation in der Einfachheit. In einem Brief an eine Ordensfrau schreibt er: „Sie haben schon viel zu viele religiöse Übungen. Was sie brauchen, ist eine innere Vereinfachung." Caussade empfiehlt der Frau, sich öfters Zeit zu nehmen, um nichts zu tun und ganz im gegenwärtigen Augenblick zu verweilen. Das sei der Weg zur „Quelle der lebendigen Wasser", die immer in der Gegenwart sprudle.

Aber Caussade weiß auch, dass gerade das Nichtstun vielen nicht gelingt. Macht nichts, meint er: Wer ungeduldig wird, soll diese Ungeduld geduldig annehmen. Wer unruhig wird, soll die Unruhe ruhig annehmen. Wer ärgerlich wird, soll sich nicht über den Ärger ärgern. Wer unzufrieden wird, soll zufrieden sein, nicht zufrieden zu sein. Wichtig ist einzig, mit sich selber im Einklang zu leben.

Den Schlüssel dafür findet Caussade in der Hingabe. Hingabe an das Leben und an das Geheimnis des Absoluten, das sich von Augenblick zu Augenblick in einem immer neuen Gewand zeigt. Auch das Unvermögen zur Hingabe soll man hingeben oder, mit Caussades Worten, „in die Hände Gottes legen". Schließlich meint er: „Mir hat die Erfahrung gezeigt, dass wir, sogar zu unserem irdischen Nutzen, nichts Besseres tun können, als die Dinge im Geleise der Vorsehung fahren zu lassen."

In einer Zeit, wo fast alles machbar scheint, tönt ein solcher Rat beinahe subversiv. Er steht quer zu den Bemühungen, die Dinge, auch die so genannten letzten Dinge, in den Griff zu bekommen. Gewiss gibt es immer und überall viel zu tun, und Caussade rät auch nicht zu dumpfer Passivität. Ihm geht es um ein gesundes Gleichgewicht zwischen Tun und Lassen. Die Hand, die zupackt, muss auch loslassen können, sonst verkrampft sie sich.

## Ein Blick in den Terminkalender

Bestimmt kennen Sie dieses Ritual: Ein geeigneter Termin wird gesucht. Die einen blättern geschäftig in ihrer Agenda, die anderen zappeln mit dem viel zu breiten Zeigefinger über die viel zu kleinen Tasten ihres elektronischen Kalenders. Doch kaum schlägt einer einen Termin vor, meint eine andere sogleich: „Halt, geht nicht! Ich bin besetzt!" Und so geht es hin und her, wo die eine kann, kann der andere nicht und umgekehrt. Was diejenigen, die „besetzt" rufen, besetzt hält, wird höflicherweise nicht gefragt.

Mir kommt das entgegen. Denn ich rufe manchmal „Besetzt!", obwohl es nicht ganz stimmt. Aber wenn ich sehe, dass meine Agenda bereits mit Terminen vollgeschrieben ist, verteidige ich die letzten freien Reservate. Diese weißen Flecken gehören mir. Mir ganz allein. Gelegentlich streiche ich sie auch rot an, um sie ja nicht zu verplanen. Es macht sich auch besser, falls der Nachbar in meine Agenda schielt. So rufe ich also „Besetzt! Geht nicht!", und alle studieren wieder angestrengt ihre Kalender.

Früher hatte ich dabei ein schlechtes Gewissen, heute fällt es mir leichter. Ich habe herausgefunden, dass andere wegen jeder Nichtigkeit schon „Besetzt!" rufen, und da erscheinen mir meine freien Reservate mindestens ebenso wichtig. Einige machen es übrigens genau gleich. Ich vermute, dass es um die Welt ohnehin besser bestellt wäre, wenn mehr Leute in ihren Terminkalendern einige Lücken ließen.

Der amerikanische Schriftsteller Henry David Thoreau hat es vorgemacht. Er war ein vielbeschäftigter Mann, kämpfte im 19. Jahrhundert gegen den kapitalistischen Materialismus und für die Sklavenbefreiung. Doch er gönnte sich auch die Freiheit, nichts zu tun. Einmal klinkte er sich aus und lebte zwei Jahre lang als Einsiedler in einer selbst gezimmerten Blockhütte an einem Waldsee. Da saß er dann von Sonnenaufgang bis Sonnenuntergang zwischen Fichten und Walnussbäumen auf seiner Türschwelle, betrachtete den See, lauschte dem Gesang der Vögel und dem Rauschen der Bäume. Und wenn abends die Sonnenstrahlen durch das westliche Fenster fielen, bemerkte er, dass wieder etliche Stunden vergangen waren. Er notierte dann in sein Tagebuch: „Es war Morgen, aber siehe, nun ist es Abend geworden, und nichts Berichtenswertes ward getan."

Wunderbar! Nichts Berichtenswertes ward getan, wo wir doch meinen, fortwährend Berichtenswertes tun zu müssen. Thoreau saß einfach da und ließ die Zeit verstreichen: „In solchen Stunden wuchs ich wie das Korn in der Nacht; sie waren viel besser, als irgendwelches Werk meiner Hände gewesen wäre. Es war keine meinem Leben abgezogene, sondern um so viel dreingegebene Zeit."

Getrieben vom Impuls, etwas „Nützliches" tun zu müssen, fällt es mir schwer, nichts zu tun. Aber ich bin am Üben. Die dafür vorgesehenen Zeiten sind in meiner Agenda reserviert. „Ich lasse gern einen breiten Rand an meinem Leben", sagte Thoreau.

Unter dem Diktat von Geschwindigkeit und Effizienz ist dieser Rand heute dauernd in Gefahr. Dabei ist er sehr wichtig. Lebenswichtig sogar, meinte Thoreau: „Das Leben ist so kostbar. Ich zog in den Wald, weil ich dem eigentlichen, wirklichen Leben näher treten wollte, damit ich nicht, wenn es zum Sterben ginge, einsehen müsste, dass ich gar nicht gelebt hatte."

Ich lebe nicht als Einsiedler in einer Blockhütte. Und ich versuche, einen breiten Rand an meinem Leben zu lassen – und in meinem Terminplaner: Wenn dieser sich zu füllen beginnt, rufe ich frühzeitig „Besetzt!", damit die letzten leeren Flächen leer bleiben. Sie gehören mir. Sie schenken mir die Möglichkeit, nichts Berichtenswertes tun zu müssen. Die Freiheit, einfach zu sein.

Übrigens, eine kleine Bitte hätte ich noch: Fragen Sie mich bei der nächsten Terminabsprache nicht, ob ich jetzt wirklich besetzt sei oder nur zum Schein. Ich bin wirklich besetzt. Es geht nicht. Tut mir Leid.

## Kleine Erleuchtung im Bahnhofscafé

Ich sitze in einem kleinen Bahnhofscafé, direkt neben den Geleisen. Es ist warm, und leichter Regen fällt. Der Espresso ist längst getrunken, die Kruste am Tassenrand eingetrocknet. Ich sitze und tue etwas, das mir üblicherweise schwer fällt: Ich tue nichts. Ich schaue den Zügen zu, die ein- und ausfahren. Ich betrachte die Leute auf dem Bahnsteig. Ich folge einer Putzkolonne, die die Wagen eines Zuges reinigt. Ich sehe, wie Gepäck umgeladen wird. Ich rieche den Geruch des regenwarmen Asphalts und höre das ferne Donnergrollen. Die Unterlagen und Zeitungen, die ich mitgenommen habe, bleiben liegen. Ich brauche sie nicht. Jetzt nicht. Ich bin einfach da. Ich bin einfach. Ich bin. Bin.

Momente eines schlichten Glücks: Nichts muss hinzugefügt, nichts weggenommen werden. Alles stimmt. Ohne Vorbehalt, ohne Bedingung.

Solche Momente machen das Leben farbig und reich. Die Mystik-Autorin Evelyn Underhill schreibt: „Die meiste Zeit des Lebens verbringen wir damit, drei Verben durchzukonjugieren: Wollen, Haben, Tun. Das hält uns ständig auf Trab. Wir vergessen, dass keines dieser Verben eine wirklich tiefe Bedeutung hat, solange es nicht durch ein anderes Verb transzendiert und umhüllt wird: Sein. Sein ist die Essenz eines spirituellen Lebens."

Dieses Sein kann eingeübt werden. Manchmal wird es einem aber auch geschenkt. Wie mir in diesem Bahnhofscafé. Ich habe nichts Besonderes getan. Ich bin der Erfahrung des Seins aber für einmal auch nicht im Wege gestanden.

Solch ein beglückendes Erlebnis ruft nach einer Wiederholung. Und schon schleichen sich wieder die drei verflixten Verben ein: Ich *will* etwas *tun* und *haben.* Als ich mich einige Wochen später erwartungsvoll in derselben Stadt in dasselbe

Bahnhofscafé an genau denselben Tisch setze, kommt es – natürlich – anders: Ich langweile mich. Statt einfach zu sein, was mir nicht gelingt, tue ich schließlich etwas und lese die Zeitung.

Seither habe ich diesen Ort nie wieder aufgesucht. Aber ein solches Erlebnis ist auch nicht an einen bestimmten Ort gebunden. Es kann überall gemacht werden. Es gibt viele Freiräume, wo ich für einen Moment ausruhen und die Welt etwas anders wahrnehmen kann. Inseln der Ruhe im hektischen Strom der Zeit. Sie lassen mich aufatmen. Sie lassen mich sein.

Solche Erfahrungen haben etwas Unmittelbares, Direktes, das schwer zu beschreiben ist. Sie berühren das Herz. Und ich bin überzeugt: Sie stehen allen offen. Allerdings fehlt es oft an der notwendigen Aufmerksamkeit. „Viele Christen sind wie Taube in einem Konzert“, meint Evelyn Underhill: „Sie studieren sorgfältig das Programm, glauben alles, was darin steht, sprechen ehrfürchtig über die wunderbare Musik – hören aber nur hier und da einen Satz. Sie haben keine Ahnung von der mächtigen Sinfonie, welche das Universum erfüllt und zu der unser Leben einen ganz kleinen Beitrag zu leisten bestimmt ist.“

Aber vielleicht sind wir ja gar nicht taub, sondern haben bloß verstopfte Ohren. Verstopft mit all den scheinbar so wichtigen Dingen, welche immer viel zu viel Platz einnehmen.

Doch die Sinfonie erklingt weiter. Und manchmal geschieht es, dass einem unvermittelt die Ohren aufgehen und ganz wunderbare Klänge zu vernehmen sind. Die Sinfonie des Ganzen. Dann, spätestens dann ist es Zeit, das Programmheft beiseite zu legen, die Augen zu schließen und nur noch zu hören.

## Vier Weisungen

Lass das!, flüsterte eine innere Stimme Heinrich Seuse zu. Seuse war ein Schüler Meister Eckharts und wie dieser Dominikaner und Seelsorger. Als eifriger junger Mönch praktizierte er harte asketische Übungen, die ihm nicht gut taten. Dann vernahm er diese Stimme, die ihn aufforderte, damit aufzuhören.

Seuse kam zur Einsicht, dass eine spirituelle Übung dem Menschen angemessen sein müsse, der sie ausführt: „Sieh nicht darauf, der Altväter Strengheit zu erfüllen oder die harten Übungen deines geistlichen Vaters. Nimm dir aus all dem für dich selbst einen Teil heraus, den du vollbringen mögest."

Statt sich an fremden Normen zu orientieren, soll jeder und jede einen *eigenen,* passenden Weg suchen und gehen. Angesichts einer Vielzahl von Möglichkeiten keine leichte Aufgabe. Die „neue Unübersichtlichkeit", die als Kennzeichen der orientierungslos gewordenen Postmoderne gilt, ist nicht ganz so neu, es gab sie schon vor siebenhundert Jahren.

Das zeigt ein Zwiegespräch, das Seuse in seinem *Büchlein der Ewigen Weisheit* schildert. Da bittet ein Diener die Ewige Weisheit um Klarheit und Orientierungshilfe: „Herr, der Übungen gibt es viele, der Lebensweisen manche, eine so, die andere so; die Schriften sind endlos, die Lehren ohne Zahl. Ewige Weisheit, lehre mich mit kurzen Worten aus dem Abgrund aller dieser Dinge, woran ich mich allermeist halten soll."

Die Ewige Weisheit gibt dem Diener vier einfache, klare Weisungen.

– Die erste Weisung: „Halte dich abgeschieden von allen Menschen." Diese Abgeschiedenheit ist nicht mit Weltflucht zu verwechseln. Seuse selber hat als Seelsorger ein durchaus aktives Leben geführt und sich um einen Ausgleich zwischen äußerer und innerer Welt bemüht. Er suchte Oasen der Stille und der Einsamkeit *mitten* in dieser Welt.

– Die zweite Weisung: In solchen Oasen, in Zeiten der Besinnung und der Meditation, soll der Diener alles hinter sich lassen. Vor allem aber: „Halte dich frei von allen Bildern." Damit sind die vielen Gedanken und Vorstellungen gemeint, die in der Abgeschiedenheit grell aufleuchten können. Der Diener soll auf dem spirituellen Weg „entbildet" werden. Es geht um eine eigentliche Entziehungskur für die Seele, die frei werden soll für das Wesentliche.

– Die dritte Weisung: „Befreie dich von alledem, was Ballast, Anhalten und Kummer bringen kann." Der Diener soll sich lösen von seinen Verhaftungen und alles abwerfen, was er mit sich schleppt, seien es materielle oder geistige Güter. Auch sich selber soll er lassen: „Du musst dich bis in deinen tiefsten Grund deiner entledigen." Er soll sich fallen lassen in den unergründlichen Grund, in dem das göttliche Geheimnis zu Hause ist.

– Die vierte Weisung: Dieses Geheimnis ist immer im Auge zu behalten. „Richte dein Gemüt zu allen Zeiten empor in ein verborgenes göttliches Schauen, in dem du mich zu allen Zeiten vor deinen Augen trägst. Denn sonst ist dir wie einem Schiffsmann, dem im starken Gewoge die Ruder entfallen und der nicht weiß, wohin er soll." Bei allem, was der Jünger tut, soll die Ewige Weisheit sein Maß und seine Mitte sein.

Diesen vier Weisungen sollen alle anderen Übungen untergeordnet werden.

Das Wichtigste aber bleibt das konkret gelebte Leben. Als Seuse einmal in eine tiefe Kontemplation versunken war, klopfte eine Frau an die Klosterpforte und wünschte ihn zu sprechen. Er wollte in seiner Versenkung nicht gestört werden und ließ sie wegschicken. Doch mit der kontemplativen Ruhe war es jetzt vorbei. Seuse ahnte, dass er mit der ungebetenen Besucherin auch die göttliche Weisheit verscheucht hatte. Er verließ das Kloster und irrte durch die Gassen, um die Frau zu suchen.

Auch die Kontemplation, diese Einübung ins Loslassen, muss losgelassen werden, wenn es der Augenblick erfordert.

## Ungeduld, Ärger und etwas Zen

Ich bin mit F. im Restaurant zum Essen verabredet. Da sitze ich jetzt und warte. Es ist Zeit. Doch er ist nicht da. Ich mag keine unpünktlichen Leute. Jetzt ist er schon fünf Minuten zu spät. Ich warte. Leiser Ärger steigt auf. Zehn Minuten. Der Kellner fragt, ob er schon etwas zu trinken bringen dürfe. Nein danke, es kommt gleich noch jemand. Gleich? Vorläufig warte ich. Und schimpfe schweigend in mich hinein. Fünfzehn Minuten. Ich warte und kann gar nichts anderes tun als einfach warten. Es ist zum Davonlaufen, doch ich bleibe sitzen. Zwanzig Minuten. Dieser Kerl bekommt etwas zu hören, wenn er endlich erscheint! Doch er erscheint nicht. Fünfundzwanzig Minuten. Wie kann er mich einfach so sitzen lassen!? Nie mehr werde ich mich mit ihm verabreden, nie mehr! Achtundzwanzig Minuten. Und plötzlich steht er da. Ich bin empört und schaue ihn strafend an. Er brummelt eine Entschuldigung. Und es wird schließlich doch noch ein ganz gemütlicher Abend.

Was habe ich in diesen achtundzwanzig Minuten Warten gemacht? Mich genervt und geärgert. Dabei habe ich es doch schon hundert Mal gelesen und gehört: Das Hier und Jetzt allein ist wichtig. Da kann ich mir lange wünschen, F. möge endlich kommen. Tatsache ist: Er ist jetzt nicht da. Was ist falsch daran? Doch letztlich nur meine Vorstellung, er müsste jetzt da sein. Möchte ich ihn nicht um alles in der Welt in diesen gegenwärtigen Moment hineinzwingen, wäre eigentlich alles in Ordnung.

Statt mich zu ärgern, könnte ich das „Sakrament des Augenblicks" (Caussade) feiern. Ein heiliges Ritual, mitten im belebten Restaurant und ohne dass jemand etwas davon merken würde. Ich könnte mit all meinen Sinnen meine Umgebung abtasten, die Geräusche und Töne aufnehmen, die Bilder, die Gerüche. Ich könnte den Gästen zuschauen, wie sie essen, trinken und miteinander plaudern. Ich könnte den flinken Kellner bewundern, der mehrere Teller gleichzeitig durchs Lokal balanciert. Ich könnte diskret dem Gespräch am Nebentisch zuhören. Oder ich könnte einfach das Nichtstun genießen. Sollte meine drängende Ungeduld aber dennoch stärker sein, könnte ich beobachten, wie diese mich in immer neuen Schüben packt, wie sie sich anfühlt und was sie bewirkt. Als Beobachter würde ich mich weder langweilen noch aufregen – ich würde zuschauen.

Das wäre schon fast eine Zen-Übung. Zen in der Kunst des Wartens. Denn, so der große Zen-Gelehrte D. T. Suzuki: „Zen offenbart sich im langweiligsten und ereignislosesten Leben des einfachen Mannes auf der Straße, dem aufgeht, dass er inmitten des Lebens, wie es gelebt wird, lebt. Zen öffnet die Augen für das größte Geheimnis, wie es sich täglich und stündlich ereignet. Zen lässt uns in der Welt leben, als schritten wir durch den Garten Eden."

Und ich sitze da im Restaurant und merke in meiner Ungeduld nichts davon. Aber Übung macht den Meister. Es gibt immer wieder Situationen, in denen ich auf jemanden oder etwas warten muss. Jede von ihnen ist eine Gelegenheit, die Augen zu öffnen und diesen „Zen-Geschmack" für den Garten Eden zu kultivieren.

Übrigens: Sara, Abrahams Frau, musste Jahrzehnte warten, bis sie als Neunzigjährige (!) das lang ersehnte Kind bekam. Die Israeliten mussten sich vierzig Jahre lang gedulden, bis sie das Gelobte Land betreten durften. Überhaupt wird in der Bibel auffällig viel gewartet, sogar Gott selber wartet gelegentlich. Das Warten scheint seinen ganz eigenen Wert zu haben. Es ist mehr als nur ein mühsamer Zwischenraum zwischen einem Vorher und einem Nachher. Die Kirche hat ihm sogar einen ganzen Festkreis gewidmet, den Advent: Vier Wochen lang Warten.

Was sind dagegen die lächerlichen achtundzwanzig Minuten, die ich im Restaurant warten musste?

## Verweilen vor dem Geheimnis

Die heilige Teresa von Avila versuchte über zwanzig Klosterjahre lang, sich in der Stille zu sammeln. Vergeblich. Sie blieb immer etwas zerstreut und hatte Mühe, sich zu konzentrieren: „Ich konnte mich nicht in mich einschließen, ohne zugleich tausend Nichtigkeiten mit einzuschließen." Wer je versucht hat, wirklich still zu werden, wird diese Erfahrung kennen: Alle diese Nichtigkeiten, die einem dauernd durch den Kopf ziehen und mit ihrem nervösen Getöse die Ruhe verscheuchen.

Oft war die geschäftige Klosterfrau auch zu müde, um zu meditieren. Manchmal wusste sie nach einem Tag Küchenarbeit dem „Herrn der Töpfe und Pfannen" nichts anderes anzubieten als „die Ermüdung, die mich ankommt beim Anblick von Kaffeesatz und angebrannten Gemüsetöpfen".

Eines Tages dann erkannte Teresa, dass sie ja gar nicht meditieren *musste*. Denn das große Mysterium war für sie „auch zwischen den Kochtöpfen" gegenwärtig. Dem göttlichen „Freund" durfte sie alles vertrauensvoll in die Hände legen. Bei ihm durfte sie verweilen, ohne irgendetwas tun zu müssen. Diese Vorstellung schenkte ihr jenen Frieden, den sie lange vermisst hatte.

Spiritualität ist kein Leistungssport. Es sei gefährlich, die Jahre zu zählen, die man mit spirituellen Übungen verbracht hat, warnt Teresa. Es könnte sich die Einbildung einschleichen, sich damit gewisse Rechte erworben und geistliche Einsichten verdient zu haben. Mit einer solchen Einstellung aber werde ein Mensch „niemals zur Vollkommenheit des Lebens gelangen".

Spirituelle Einsicht ist für Teresa kein Verdienst, sondern Geschenk. Sie vergleicht die Seele mit einem Garten, der bewässert werden muss. Dafür gebe es vier Arten: Erstens das

Wasser selber aus einem Brunnen schöpfen, „was große Mühe bedeutet“. Zweitens ein Schöpfrad zu Hilfe nehmen, was „schon weniger anstrengend“ sei. Drittens es aus einem Bach ableiten, was „sehr viel wirkungsvoller“ sei. Viertens schließlich: „Überhaupt nichts mehr tun, weil der Herr es kräftig regnen lässt.“ Diese Art sei „unvergleichlich viel besser als alles Vorhergenannte“.

Schön und gut – was aber, wenn der Regen ausbleibt? Dann muss der Garten bewässert werden, damit die Pflanzen nicht verdorren. Dann braucht es die eigene Anstrengung. Die Gefahr dabei ist, dass das Ego die Führung übernimmt, das unbedingt etwas erreichen will. Deshalb gibt Teresa dem Regen den Vorzug: Er fällt ohne eigenes Dazutun. Er kann nicht gemacht, sondern nur empfangen werden. Er ist ein Geschenk.

Wenn der Garten der Seele gedeihen soll, braucht es wohl beides: Das eigene Bemühen und die Bereitschaft für das Geschenk des Augenblicks, für den warmen Regen der Gnade.

Einen Rat gibt uns Teresa noch mit auf den Weg: „Bei sehr großer Zerstreuung ist es auf jeden Fall besser, sich nicht zu etwas zu zwingen, was man nicht kann. Man sollte dann lieber ein gutes Werk tun oder einfach lesen. Auch ist es gut, geistliche Gespräche zu führen oder im Freien spazieren zu gehen.“

Also: Computer abstellen, Bücher beiseite legen, Mantel fassen, Schuhe schnüren – und hinaus, ins Freie, auf einen schönen, langen Spaziergang!

## Spaziermeditieren

Seit Jahren gehe ich zu Fuß. Regelmäßig, jeden Tag. Am Morgen, am Abend, oft auch zwischendurch. Ich bin ein Spaziergänger aus Leidenschaft. Dabei frage ich mich nicht, ob ich heute Lust habe oder nicht. Ich mache mich auf den Weg. Ich *lasse* mich gehen, im doppelten Sinn des Wortes. Ich mache dabei die Erfahrung, dass es mir besser geht, wenn ich gehe.

Der dänische Philosoph Sören Kierkegaard hat entdeckt, dass er seinen Problemen buchstäblich davonlaufen konnte: „Vor allem verliere nie die Lust am Gehen! Ich gehe jeden Tag zu meinem Wohlbefinden und entferne mich so von jeder Krankheit. Ich habe mir meine besten Gedanken ergangen, und ich kenne keinen noch so schweren Kummer, den man nicht weggehen kann." Gehen als Therapie. Und: Gehen als Meditation.

Als ich wieder einmal gefragt wurde, ob ich denn meditieren würde (was üblicherweise von mir erwartet wird) und ich schon mit Nein antworten wollte, kamen mir meine ausgedehnten Spaziergänge in den Sinn und ich sagte: „Ja, ich meditiere."

Ich meditiere beim Spazieren. Oder genauer: Indem ich spaziere, meditiere ich. Ich spaziermeditiere.

Im Gleichmaß der Schritte finde ich besser zur Ruhe, als wenn ich still auf einem Meditationskissen zu sitzen versuche. Als nervöser Mensch brauche ich Bewegung, um ruhig zu werden. Natürlich schwatzt es auch während meiner Spaziergänge fast pausenlos in mir. Aber zwischendurch gibt es diese kleinen, kostbaren Momente, wo ich einfach gehe, ohne mir irgendwelche Gedanken zu machen.

Als Pilgerschaft oder Wallfahrt ist das Wandern eine alte Form der Meditation. Die frühen Pilger verstanden ihre Wanderschaft als Weg von der irdischen zur himmlischen Heimat.

Ich bin da weniger anspruchsvoll: Ich spaziere morgens in die Stadt und abends wieder zurück. Und manchmal noch etwas weiter. Ob die Sonne scheint, ob es regnet oder schneit, ob es hell ist oder dunkel, warm oder kalt: Ich brauche diese täglichen Spaziergänge. Sie sind mein Lebenselixier.

Gelegentlich gehe ich auf Umwegen, um nicht in Routine zu erstarren. Wandern hat sprachlich mit Wandlung zu tun, die beiden Worte haben die gleiche Wurzel „wenden". Da kommt nicht nur der Körper in Bewegung, sondern auch der Geist. Der Weg ist in vielen Religionen das zentrale Symbol für das Leben selbst: Wir sind immer unterwegs, letztlich Fremde auf dieser Erde. Es gibt hier keine bleibende Heimat. Alles ist vorübergehend, flüchtig und vergänglich. Alles ist Weg. Augustinus meint, ein Mensch, der stehen bleibe, sei tot: „Darum gehe immer vorwärts, sei immer unterwegs."

Das Gehen ist ein Wunder, wie der Zen-Meister Thich Nhat Hanh sagt: „Das Wunder besteht nicht darin, auf dem Wasser wandeln zu können. Das Wunder besteht darin, auf der grünen Erde im gegenwärtigen Augenblick zu wandeln."

Manchmal schließe ich beim Gehen für ein paar Minuten die Augen. Dann höre ich die Geräusche, spüre den Wind und die Berührung der Füße auf dem Boden. Und leise ahne ich, dass hier tatsächlich ein Wunder geschieht, in jedem Augenblick, mit jedem Schritt. Manchmal rezitiere ich zum Gehen still ein Gedicht oder ein Meditationswort, nehme es mit auf den Weg und in mich hinein.

Doch meistens gehe ich einfach. Wobei mir der Gedanke gefällt, dass der Weg erst im Gehen entsteht und dass er sich im Unendlichen verliert, wie Origenes sagt. Darüber könnte man lange nachdenken. Aber ich will mich nicht in tiefsinnigen Spekulationen verlieren, ich will gehen, hier und jetzt, auf dieser wunderbaren Erde.

## Meine ganz persönliche Vigil

Gelegentlich mache ich es wie die Mönche und meditiere mitten in der Nacht. Im klösterlichen Tageslauf heißt das nächtliche Gebet Vigil, Nachtwache. Wenn ich nachts wache, dann allerdings nicht freiwillig, sondern weil mein Schlaf zu leicht ist. Statt mich zu wälzen und zu ärgern, mache ich aus der Schlaflosigkeit eine kleine Meditation. Meine ganz persönliche Vigil. Nicht im Chor eines Klosters, sondern zu Hause im Bett.

Ich beginne still ein Mantra zu rezitieren: Einen Satz, einen Vers, einen Spruch oder ein Gedicht. Ein Wort in die Dunkelheit der Nacht. Ich wiederhole es stumm, ohne mir Gedanken dazu zu machen. Ich lasse es auf mich wirken, ohne selber etwas zu tun. Ich liege da und höre zu.

Die alten christlichen Mönche praktizierten diese Meditation den ganzen Tag über. Sie nannten sie „ruminatio", „Wiederkäuen". Sie kauten ein Wort (meist aus der Bibel), indem sie es ununterbrochen vor sich hinmurmelten oder stumm rezitierten. Der heilige Antonius empfahl, sich dabei das Kamel zum Vorbild zu nehmen: So wie dieses sein Futter immer wieder kaue und damit tagelang ohne Nahrung und Trank auskomme, so soll der Mönch sein heiliges Wort wiederkäuen, bis er ganz eins sei mit ihm.

Wach im Bett lässt sich das gut einüben. Meistens schlafe ich irgendeinmal ein dabei. Und sonst kaue ich einfach weiter. Oft begleitet mich das nächtliche Wort auch durch den Tag: Es erklingt plötzlich wieder, ich höre ihm zu und ich trage es eine Zeit lang mit mir. Ein Wort, lange genug auf diese Weise meditiert, bekommt ein Eigenleben. Und nicht selten taucht es genau in dem Moment wieder auf, wo ich es dringend brauche.

Die Vorteile einer solchen Wortmeditation sind offensichtlich: Sie ist relativ einfach und kann überall und zu jeder Zeit praktiziert werden – nicht nur nachts im Bett. Mit einem Wort als Meditationsobjekt hat der Geist etwas zu kauen. Das nervöse Durcheinander der Gedanken legt sich. Ruhe kehrt ein. Und das Meditationswort rutscht allmählich vom Kopf ins Herz. Martin Luther deutet es in seiner Bibelübersetzung an: „Maria aber behielt alle diese Worte *und bewegte sie in ihrem Herzen.*" (Moderne Übersetzer hatten dafür wenig Verständnis: Aus der Bewegung im Herzen wurde ein Nachdenken. „Maria aber merkte sich jedes Wort und dachte immer wieder darüber nach", heißt es in einer zeitgenössischen Version (*„Hoffnung für alle"*). Dieses angestrengte Nachdenken dürfte ihr aber eher Kopfschmerzen denn Erkenntnisse beschert haben ...)

Die Bewegung des Wortes im Herzen ist ein leiser, subtiler Vorgang. Es ereignet sich nichts Besonderes dabei. Vielleicht wird aber etwas spürbar von der „Aura des Schweigens" (Hans Urs von Balthasar), welche ein solches Meditationswort umgibt.

Die Auswahl eines geeigneten Wortes ist eine sehr persönliche Angelegenheit. Manchmal meditiere ich nur mit dem simplen Wörtchen „Ja", vor allem dann, wenn ich mit einer Situation Mühe habe und hadere. Das Mantra „Ja" versöhnt und beruhigt. Dann habe ich so meine Lieblingssätze und -verse in der seelischen Hausapotheke, auf die ich gerne zurückgreife. Es ist auch möglich, das Wort mit dem Atemrhythmus zu verbinden. Mit dem „Ja" geht das bestens. Oder mit diesem kurzen Vers des Zen-Mönchs Thich Nhat Hanh: „Ich atme ein und komme zur Ruhe, ich atme aus und lächle." Wenn ich mit einem Lächeln im Bett liege, wird die Nacht bestimmt gut verlaufen ...

Die alten Mönche raten, nicht von einem Meditationswort zum anderen zu hüpfen, sondern über längere Zeit beim gleichen zu bleiben und dieses intensiv zu kauen und zu schmecken. Tagsüber und auch in der Nacht. „Auf die Schwelle und die Tür deines Mundes sollst du es schreiben, an die Wände deines Hauses und in das Innere deines Herzens“ (Johannes Cassian).

Das Meditieren im Bett ist übrigens nicht meine Erfindung. Schon Martin Luther empfahl, abends nicht die vielen Sorgen mit ins Bett zu nehmen, sondern ein Meditationswort, „womit du wiederkäuend wie ein reines Tier sanft einschlafen magst … und wenn du am Morgen aufstehst, sollst du es wie die Hinterlassenschaft des Gestern vorfinden“.

## Siebzig Jahre Mönch und kein bisschen ruhig

Vor vielen hundert Jahren suchte ein verzweifelter junger Mönch seinen Altvater auf. Er war sehr enttäuscht, weil es ihm nicht gelungen war, als Einsiedler in der Wüste die ersehnte Ruhe zu finden.

„Wie lange bist du schon Mönch?“, wollte der Alte wissen.

„Acht Jahre.“

„Acht Jahre?“ Der Alte runzelte die Stirn: „Ich trage das Mönchsgewand seit siebzig Jahren, und noch keinen Tag habe ich Ruhe gefunden! Und du verlangst mit deinen acht Jahren bereits Ruhe zu haben?“

Es war einen Moment still, so still, dass man beinahe hören konnte, wie dem jungen Mönch ein Stein vom Herzen fiel. Weil der Alte nichts weiter sagte, bedankte sich der junge Mönch und machte sich gestärkt auf den Weg.

Diese kleine Geschichte aus der Überlieferung der Wüstenväter berührt einen zentralen Punkt: Spiritueller Fortschritt ist nicht messbar und möglicherweise nicht einmal erstrebenswert. Auf jeden Fall entzieht er sich völlig den üblichen Kriterien. Der Alte hat in seinen siebzig Mönchsjahren keinen einzigen Tag Ruhe gefunden und wirkt doch ruhig. Er ist versöhnt mit sich selber, auch mit seiner Unruhe. Der Junge dagegen leidet an sich selber. Sein Ideal vom perfekten Einsiedlermönch droht ihn zu zerreißen. Es facht seine Unruhe, die er doch um jeden Preis loswerden möchte, nur noch mehr an.

Der Alte öffnet ihm die Augen: Nicht die Unruhe ist das Problem, sondern die Vorstellung, dass diese nicht (mehr) sein dürfe. Es ist gefährlich, die eigene Wirklichkeit überspringen zu wollen. Mit der Unruhe lässt sich leben, mit einem wirklichkeitsfremden Ideal nur schwer.

Spirituelles Wachstum scheint heute ein Gebot der Zeit. Dabei wird manchmal unterschieden zwischen Menschen, die schon „weit" sind, und den weniger Erfolgreichen oder gar Zurückgebliebenen. Aber was heißt weit? Wer definiert das? Und muss es denn immer vorwärts gehen? Gehören nicht auch Seitenbewegungen, Umwege und Irrwege, gelegentlich auch Umkehrschritte zum spirituellen Weg? Die Ideologie eines unbegrenzten Wachstums hat auf vielen Gebieten Schaden angerichtet, unser Innerstes möge davon verschont bleiben!

Der alte Mönch kann sich keiner Fortschritte rühmen. Er strebt das auch gar nicht an. Es ist ihm nicht wichtig. Er ist er selber. Er ist frei.

Und noch eine Geschichte aus der Wüste:

„Was sollen wir tun, wenn beim Gottesdienst einer unserer Brüder einnickt?", fragten die jungen Mönche Altvater Poimen.

Poimen antwortete: „Wahrlich, wenn ich einen Bruder einnicken sehe, dann leg' ich seinen Kopf auf mein Knie und lasse ihn ruhen."

Ach, wie tut das gut! Alles sein lassen und einfach etwas vor sich hindösen. Selbst ein solches Schläfchen, meinte einige Jahrhunderte später Johannes Tauler, könne eine wertvolle spirituelle Übung sein: „Widerfährt es dir, dass du während der Einkehr ein wenig schläfst oder wider Willen einnickst, beunruhige dich nicht: Eine schlummernde Einkehr ist oft besser als viele äußere, mit Sinnen fassbare Übungen im wachen Zustand."

Das höre ich gerne, fällt mir diese schlummernde Einkehr doch entschieden leichter als eine anstrengende spirituelle Gymnastik.

9

# Das rechte Maß

## Plädoyer für eine fröhliche Askese

*„In dir muss Reichtum sein:*
*was du nicht in dir hast,*
*wärs auch die ganze Welt,*
*ist dir nur eine Last."*

Angelus Silesius

## Zu viel Gepäck

Es ist immer das Gleiche: Wenn ich in die Ferien aufbreche, packe ich zu viel ein. Jedes Mal ärgere ich mich, wie schwer der Rucksack dabei wird. Also packe ich alles noch einmal aus – und das meiste gleich wieder ein. Ich meine, all die Dinge zu brauchen, und weiß doch schon, dass das nicht stimmt. Ich brauche Ersatzwäsche und Ersatz für die Ersatzwäsche, man weiß ja nie. Ich brauche die Badehose für heißes und den dicken Pullover für kaltes Wetter. Ich brauche die Zahnbürste, verschiedene Tuben Sonnencreme mit verschiedenen Schutzfaktoren, Fotoapparat, Ersatzfilme, Taschentücher, Taschenmesser, Ausweise, Bargeld (wo soll ich es nur verstecken, damit ich es nicht verliere?). Ich brauche Bücher, lieber eines zu viel, es könnte ja auch lange regnen. Ich brauche genügend Socken und eine Notration Schokolade.

Und weil ich meine, dies alles und noch viel mehr zu brauchen, packe ich ein und aus und ein und aus, und der Rucksack wird keineswegs leichter dabei. Irgendwann ist es Zeit zu gehen, ich schnüre den prall gefüllten Rucksack zu und mache mich auf den Weg. Doch kaum habe ich die Haustür abgeschlossen, beschleicht mich der unangenehme Verdacht, etwas Wichtiges vergessen zu haben. Im Bus kommt mir in den Sinn, was ich ruhig hätte zurücklassen können – und was mir bestimmt fehlen wird. Am Bahnhof bin ich definitiv überzeugt, völlig falsch gepackt zu haben. Zudem mache ich mir Sorgen, ob ich die Haustür auch wirklich abgeschlossen habe. Ich weiß es nicht mehr, weil ich beim Verlassen des Hauses über den Inhalt meines Rucksackes nachgedacht habe.

Im Zug sinke ich dann erschöpft ins Polster, geplagt vom Gedanken, ungenügend ausgerüstet in die Ferien zu fahren. Was natürlich Quatsch ist. Ich habe alles, was ich brauche. Und noch einiges mehr. Genau genommen: Ich habe viel zu viel. Das wird mir spätestens dann bewusst, wenn die Ferien zu Ende sind und ich zu Hause wieder auspacke. Was da alles zum Vorschein kommt! All die vielen unbenutzten Dinge, von denen ich meinte, ohne sie nicht sein zu können. „Wie viele Dinge gibt es doch, die ich nicht brauche“, bemerkte Sokrates, als er über den Marktplatz von Athen spazierte. Mir kommt beim Auspacken der gleiche Gedanke. Mit dem Unterschied, dass Sokrates auf alles Überflüssige tatsächlich verzichtet hat, während ich es in meinen Rucksack gestopft habe.

Vor zweihundert Jahren besuchte einmal ein Reisender den berühmten polnischen Rabbi Hofetz Chaim. Erstaunt sah er, dass der Rabbi nur in einem einfachen Zimmer wohnte: Ein Tisch, eine Bank, und ein paar Bücher. „Rabbi, wo sind denn Ihre Möbel?“, fragte er. „Wo sind die Ihren?“, gab der Rabbi zurück. „Meine? Ich bin doch nur auf Besuch hier, ich bin auf der Durchreise.“ „Genau wie ich“, sagte der Rabbi.

Und ich bin wieder einmal am Packen. Die Ferien stehen vor der Tür. Aber diesmal werde ich es besser machen. Ganz bestimmt. Es gibt viele Dinge, die ich nicht brauche. Leider weiß ich nicht, welche genau es sind. Und so packe ich vorsichtshalber genug ein. Man weiß ja nie. Obwohl auch ich nur auf der Durchreise bin.

## Ein Asket im Palast

Es war vor langer, langer Zeit. In einer armseligen Hütte vor den Toren der Stadt lebte ein Einsiedler. Er wurde als heiliger Asket verehrt, viele Menschen suchten seinen Rat. Auch der König hatte von ihm gehört. Er wollte diesen Mann unbedingt kennen lernen. Eines Tages stand er vor der Hütte und fragte ihn, ob er nicht zu ihm in den Palast ziehen wolle.

„Wenn du meinst", antwortete der Einsiedler, „ich komme überall hin."

Der König war überrascht, ließ sich aber nichts anmerken. Er hatte nicht damit gerechnet, dass der Einsiedler zusagen würde. Hätte ein richtiger Asket das Angebot nicht zurückweisen müssen? Dem König stiegen Zweifel auf. Aber da er die Einladung nun einmal ausgesprochen hatte, nahm er den Mann mit in den Palast, wo er ihm ein schönes Zimmer zubereiten und ein gutes Essen auftragen ließ.

Und was tat der Einsiedler? Er genoss das schöne Zimmer und das gute Essen. Auch am nächsten und am übernächsten Tag. Dieser Mann, der als Asket galt, ließ sich im luxuriösen Palast verwöhnen. Der König war zutiefst enttäuscht. Nach einer Woche sprach er den merkwürdigen Gast direkt an: „Verzeih, ich kann einfach nicht verstehen, wie du als Asket in einem Palast leben kannst. Wo ist da der Unterschied zwischen dir als heiligem Mann und mir als König?"

„Wenn du den Unterschied sehen willst, dann komm mit und ziehe mit mir aus der Stadt hinaus."

Die beiden marschierten los. Lange wanderten sie über sonnenwarme Felder, durch kühle Wälder und einsame Dörfer. Und je länger sie unterwegs waren, desto ungeduldiger wurde der König. Als es Abend wurde, bat er den Einsiedler inständig, ihm jetzt endlich seine Frage zu beantworten.

„Ich sage dir nur eines", antwortete dieser: „Ich gehe nicht mehr zurück. Ich ziehe weiter. Kommst du mit?"

Der König schüttelte den Kopf: „Ich kann doch nicht. Ich kann mein Reich und meinen Palast nicht zurücklassen. Zudem habe ich eine Familie."

„Siehst du jetzt den Unterschied? Ich kann weitergehen, ich habe nichts zurückgelassen. Ich habe den Palast genossen. Doch ich habe mich nicht an ihn gebunden. Deshalb kann ich jetzt weitergehen."

„Bitte tu das nicht", rief der König, „komm mit mir zurück in den Palast."

„Für mich macht es keinen Unterschied, ob ich mit dir in den Palast komme oder weiterziehe. Aber wenn ich zurückkomme, werden auch deine Zweifel zurückkommen. Aus Liebe zu dir ziehe ich deshalb weiter."

„Für mich macht es keinen Unterschied …": Eine heilige Indifferenz äußeren Dingen gegenüber zeichnet diesen Asketen aus. Er hat nichts zu verlieren, weil ihm nichts gehört. Er kann sich im königlichen Palast verwöhnen lassen, so wie er in seiner Hütte ein Leben in Armut führen kann. Sein Glück hängt nicht von äußeren Umständen ab. Er kann die Güter dieser Welt genießen, weil er sie auch lassen kann.

Der König hatte etwas ganz anderes erwartet: Einen Meister der Entsagung, geübt in Abtötung und Selbstkasteiung. Und so ist die Askese ja auch oft verstanden und praktiziert worden. Als Flucht vor der Welt, als Vermeidung von Leben, als Unterdrückung vitaler Bedürfnisse. Doch wer flüchten, vermeiden und unterdrücken muss, wird zum Sklaven selbstauferlegter Zwänge.

Dieser Asket aber ist frei. Nichts vermag ihn zu binden, nicht einmal der Luxus des königlichen Palastes. Er kann weiterziehen, wann und wohin er will.

So gesehen heißt Askese: Die Dinge dieser Welt genießen,

ohne von ihnen abhängig zu sein. Haben, als hätte man nicht. Immer im Bewusstsein, dass einem nichts wirklich gehört. Alles ist eine Leihgabe, meint Meister Eckhart: „Wir sollen alle Dinge nur so haben, als ob sie uns geliehen seien und nicht gegeben, ohne jeden Eigenbesitz, es sei Leib oder Seele, Sinne, Kräfte, äußeres Gut oder Ehre, Freunde, Verwandte, Haus, Hof und alle Dinge."

## Eine heitere Gelöstheit

Die Askese ist neu zu entdecken: Als fröhliche Ungebundenheit, als Befreiung vom Zwang, immer mehr haben zu müssen. Das griechische Wort *askesis* heißt Übung. Der Sinn dieser Übung liegt in der Erschließung der inneren Welt und ihrer Reichtümer. Nicht um erneut etwas zu *haben*, sondern um zu *sein* und in der eigenen Mitte zu ruhen. Der heilige Benedikt übersetzt *askesis* ins Lateinische mit *ars spiritualis*, „geistliche Kunst". Askese ist eine Kunst, ein kreativer Akt.

Oft ist diese Kunst allerdings zu einem rigiden Zwang entartet. Etliche asketische Schulen lehrten eine radikale Abkehr von allem Irdischen, verachteten das Materielle und Körperliche und suchten das Heil allein in einer geistigen oder vergeistigten Welt. Die „reine" Welt des Geistes musste angeblich gegen die „gefallene" Welt der Materie verteidigt werden. Dieses dualistische Askese-Verständnis hat vielerorts unheilvolle Spuren hinterlassen und macht bis heute manchen Menschen das Leben schwer.

Doch das Leben ist nicht geschaffen worden, um es zu beschneiden und zu verdrängen, zu unterdrücken und abzutöten. Vielmehr ist in den Religionen von einem ganzen und heilen Leben die Rede, von einem Leben in Fülle.

Die Askese wird damit nicht hinfällig. Aber sie richtet sich nicht weiter gegen das Leben. Vielmehr öffnet sie Raum für das Leben, indem überflüssiger Ballast abgetragen wird. Sie führt vom verkrampften Festhalten zu einer entspannten Distanz allen äußeren Dingen gegenüber. Nicht, dass diese allesamt unwichtig wären – aber sie vermögen einen nicht mehr zu verschlingen.

Zwischen Weltflucht und Weltverfallenheit öffnet sich damit ein mittlerer Weg. Er führt aus dem dauernden und ermüdenden Kreislauf der Ängste und Begierden zu einer heiteren Gelöstheit, zu einer einfachen Freude am Dasein.

Eigentliche Meister auf diesem Weg waren die Philosophen der Stoa. Seneca zum Beispiel. Er war ein reicher Mann, aber sein Besitz bedeutete ihm nach eigenen Worten nichts. Zu dem Philosophen Demetrius sagte er: „Ich habe alles, aber es ist mir gleichgültig." Und Demetrius, der in Armut lebte, antwortete: „Ich habe nichts, aber es ist mir gleichgültig."

Der Grieche Epiktet, ein freigelassener Sklave, gibt den Rat, sich im Leben wie bei einem Gastmahl zu benehmen: „Eine Speise wird herumgetragen und gelangt zu dir: du langst zu und nimmst mit Anstand davon. Sie wird vorübergetragen: du hältst sie nicht zurück. Sie ist noch nicht an dich gekommen: du unterdrückst dein Verlangen und wartest ruhig, bis sie an dich kommt." Wer sich im täglichen Leben so verhalte, werde „ein würdiger Tischgenosse der Götter sein".

Voraussetzung dafür ist ein Abstand nicht nur zur Welt, sondern auch sich selber gegenüber: Der eigene Wille muss zurückgestellt werden. Das ist eine äußerst anspruchsvolle Form von Askese, die aber nach der Meinung Epiktets einen großen Gewinn bringt: „Verlange nicht, dass alles so geschieht, wie du es willst, sondern wolle, dass alles so geschieht, wie es geschieht, und du wirst in Frieden leben."

So einfach ist das! Oder so einfach wäre es. Denn die praktische Umsetzung bereitet einige Schwierigkeiten – jedenfalls einem Menschen wie mir, der über einen ausgeprägten Eigenwillen verfügt. Na ja, ich bin am Üben. „Fange mit etwas Unbedeutendem an", meint Epiktet: „Ein wenig Öl ist verschüttet, ein Restchen Wein dir gestohlen worden. Sage dir dann vor: Damit bezahle ich meinen Gleichmut, so viel kostet meine Seelenruhe."

Die innere Ausgeglichenheit hat ihren Preis. Ich muss den eigenen Willen zurückstellen. Aber die Seelenruhe ist diesen

Preis allemal wert, meint Epiktet, denn: „Was kann mir zustoßen, wenn ich Seelengröße besitze?“

## Das rechte Maß

Die antike Philosophie lehrt das „rechte Maß“ in allen Dingen: Ein Leben in der Balance zwischen zu viel und zu wenig, zwischen Überfluss und Mangel. Dieses rechte Maß gilt als Voraussetzung für ein glückliches und erfülltes Dasein. Epikur, der das Streben nach Lust zum höchsten Lebensziel erklärt hat, lobt die Genügsamkeit eines Lebens im rechten Maß: „Brot und Wasser gewähren den größten Genuss, wenn wirkliches Bedürfnis der Grund ist, sie zu sich zu nehmen“ – statt sich einfach damit voll zu stopfen, könnte man ergänzen. Das wirkliche Bedürfnis soll nicht unterdrückt, sondern erfüllt werden. Aber mehr nicht. „Die Gewöhnung an eine einfache und nicht kostspielige Lebensweise … macht den Menschen unverdrossen und erhöht seine frohe Laune.“

Auch das frühe Christentum preist das genügsame Leben: „Bleibt bescheiden und sucht das rechte Maß!“, schreibt der Apostel Paulus in seinem Brief an die Römer.

Der heilige Benedikt sieht im rechten Maß die wichtigste Tugend. Um dieses zu finden, entwickelt er in seiner Mönchsregel ein Prinzip des Gleichgewichts. Es beruht auf dem Wechsel von Aktivität und Passivität, Arbeit und Gebet, Genuss und Verzicht, Reden und Schweigen, Einsamkeit und Geselligkeit. Dabei muss das rechte Maß im Einzelnen immer wieder neu bestimmt werden. So legt Benedikt fest, dass jedem Mönch täglich ein Glas Wein zustehe, aber der Abt soll das Maß ändern, wenn die Arbeit oder das Klima es erfordern. Dasselbe gilt in Bezug auf die Kleidung, die einfach zu sein hat, aber immer der Lage und dem Klima des Ortes angepasst werden soll.

Das rechte Maß ist also keine statische Größe. Es muss der jeweiligen Situation entsprechend neu gefunden und definiert werden. In einer Zeit wie heute, die beinahe jedes Maß verloren hat, ist dies eine anspruchsvolle, aber lohnende Aufgabe. Wer das rechte Maß findet, ist nicht so leicht aus der Ruhe zu bringen.

Ein maßvolles Leben ist übrigens nicht mit einem mäßigen Leben zu verwechseln. Eher das Gegenteil ist wahr: Gerade die Maßlosigkeit höhlt das Leben aus, macht es schal, öde und langweilig. Die Maßlosigkeit setzt einen permanent unter Druck, immer mehr zu tun, mehr zu gewinnen, mehr zu haben.

Maßlos ist es auch, sich für den Größten und Besten und Wichtigsten zu halten. Oder umgekehrt: Für den Kleinsten, Schlechtesten und Unwichtigsten aller Menschen. Maßlos ist es, zu erwarten, dass alle anderen für einen da sind. Oder umgekehrt: Zu meinen, dass man nur für die anderen da ist. Maßlos ist schließlich das Bestreben, sich selber zu einem perfekten Menschen ohne Fehler und Schwächen zu trimmen.

Die Mittelmäßigkeit hat einen schlechten Ruf. Doch oft ist es gut, das mittlere Maß zu wählen. In der Mitte zwischen den Extremen zu ruhen. Und sich ohne Hemmungen zur eigenen Mittelmäßigkeit zu bekennen.

Der mittelalterliche Franziskanermönch Antonius von Padua saß einmal mit seinen Brüdern in einer fröhlichen Runde zusammen. Da kam ein Bogenschütze vorbei, der das sah, sich empörte und Antonius schwere Vorwürfe machte. Antonius entgegnete: „Lege einen Pfeil auf deinen Bogen und spanne die Sehne." Der Bogenschütze tat es. „Und jetzt spanne die Sehne noch mehr." Antonius wiederholte diese Aufforderung mehrmals, bis der Schütze schließlich protestierte: „Mehr geht einfach nicht, sonst zerbricht der Bogen!" Antonius nickte: „So ist es auch mit unserem Leben als Mönche. Wenn wir uns über das rechte Maß hinaus anstrengen, dann zerbrechen wir. Es ist deshalb angebracht, die Anspannung dann und wann zu lockern." Als der Bogenschütze das hörte, ging er innerlich gestärkt davon. Antonius und die Seinen aber saßen noch bis spät in die Nacht beisammen.

## Mit Franziskus und Dominikus im Intercity

Die Bahn hat auf gewissen Intercity-Strecken so genannte Ruhewagen eingeführt. Da darf nicht geredet werden, kein Handy darf piepsen und kein Walkman rauschen. Da soll es still sein. Oder sollte. Denn beinahe jedes Mal, wenn ich im Ruhewagen sitze und mich so richtig entspannen will, beginnt bestimmt jemand ungeniert zu schwatzen oder mindestens so laut zu flüstern, dass ich jedes Wort mitbekomme. Warum können die nicht ihren Mund halten, schimpfe ich dann leise, womit auch ich nicht mehr schweige.

Es ist so eine Sache mit dem Schweigen. Im Zug kann es peinlich sein, einem Kollegen oder Bekannten gegenüberzusitzen und während der ganzen Fahrt nicht zu reden. Ich kenne jedenfalls nur wenige Menschen, mit denen ich ganz entspannt zusammen sein kann, ohne zu reden. Wahrscheinlich ist das eine Frage von Nähe und Distanz: Je näher mir ein Mensch ist, umso besser kann ich mit ihm auch schweigen. Und zwar nicht, weil wir uns nichts zu sagen hätten, sondern weil es einfach gut ist so.

Franz von Assisi und Dominikus, die zwei großen Ordensgründer aus dem frühen 13. Jahrhundert, könnten heute gut in einem Ruhewagen Platz nehmen. Die beiden waren begabte Schweiger. Es heißt, dass sie bei ihrer ersten Begegnung kein einziges Wort gewechselt hätten. Vielmehr seien sie stumm zusammengesessen. Als sie dann auseinander gingen, hatte einer dem anderen sein Leben mitgeteilt.

Diesem stummen Zwiegespräch hätte ich gerne beigewohnt. Mich würde interessieren, wie sich die beiden ohne Worte ihre Lebensgeschichte erzählen. Zwei Männer im stummen Dialog. Vielleicht würde ich ihre Sprache ohne Worte nicht verstehen. Aber ich würde sehen, dass es noch ganz andere und womöglich bessere Kanäle der Kommunikation gibt als das dauernde Blablabla.

Als notgedrungener Mithörer vieler Zugsgespräche fällt mir übrigens auf, dass viele reden, aber nur wenige auch wirklich zuhören. Das Bedürfnis, sich mitzuteilen, scheint enorm zu sein, die Fähigkeit, zuzuhören, eher gering. Thomas Merton hat einmal festgestellt, dass viele Menschen nicht deshalb reden, weil sie etwas zu sagen hätten, sondern weil sie gehört werden wollen. Die vielen Worte sind dann wie Signale: Hallo, ich bin auch da, bitte beachtet mich!

Reden ist eine Möglichkeit, sich selber wichtig zu machen. Zuhören ist das Gegenteil: Wer einem anderen aufmerksam zuhört, nimmt sich selbst zurück. Wichtig ist der oder die andere. Zuhören ist eine asketische Übung: Ich lasse mich selber sein und schaffe Raum für das, was auf mich zukommt. Für Franziskus und Dominikus war dieses Zurückstellen der eigenen Interessen Ausdruck ihres Weges freiwilliger Armut. Sie wollten nichts für sich beanspruchen. Nicht einmal die Worte.

Franziskus redete gelegentlich mit den Vögeln und den Blumen. Dominikus hielt Predigten, was ihm aber eher schwer fiel. Beide waren keine Blender. Was sie sagten, hatte Gewicht. Weil sie auch schweigen konnten.

Ideale Mitreisende also für mich im Ruhewagen. Als Bettelmönche hätten sie wohl kein Geld für den teuren Fahrschein, aber dafür würde ich gerne aufkommen.

## Zwei Asketen in der Stadt

In den modernen Industriegesellschaften bekommt der Begriff Askese eine ganz neue Aktualität. Der Religionsphilosoph Romano Guardini weist darauf hin. Vor einem halben Jahrhundert schon ahnte er das Unheil, das die Ideologie des unbegrenzten Wachstums mit sich bringt: „Der Mensch hat die Technik geschaffen, um sich gegen die Gefahren der Natur und die Ungesichertheit des Lebens zu schützen. Heute erkennt man, dass die Technik ebenso viel gefährdet wie sichert, ebenso viel schädigt wie nutzt, und die Sorge meldet sich, aus alledem könne eine Katastrophe für das menschliche Dasein heraufwachsen."

Es war im Jahre 1955, als Romano Guardini diese prophetischen Worte sprach. Damals, in der Fortschrittseuphorie der Nachkriegszeit, wird ihn kaum jemand ernst genommen haben. Heute wissen wir, wie Recht er hatte.

Guardini nennt einige Symptome der zunehmenden Gefährdung. Da ist zunächst die Beschleunigung: „Immer schneller wird der Verkehr, immer schneller die Abfolge der Verrichtungen im Beruf, immer schneller das Nacheinander der Eindrücke." Und das Mitte der Fünfzigerjahre, welche die Älteren unter uns noch als gemütliche alte Zeit in Erinnerung haben!

Ein zweites Symptom: Der Lärm. Für fein fühlende Menschen wie Guardini schon damals zu viel: „Allmählich merken ja auch nicht nervöse Leute, sagen wir besser: noch nicht nervöse, dass der Lärm sich überall zu einer bösen Gefahr entwickelt. Die Stille geht verloren und mit ihr alles das, was nur aus ihr heraus verwirklicht werden kann, nämlich dass der Mensch ins Wesentliche kommt."

Drittes Symptom: „Das ständige Angegriffenwerden durch Reize." 1955 hatten nur wenige Haushalte einen Fernseher, es gab keine PCs und keine Handys, es flimmerte und blinkte und piepste nicht an jeder Ecke. Und doch sagte Guardini: „Eine Masse von Eindrucksfragmenten stürzt auf den Menschen ein, und das Eigentliche, das Innewerden der Welt in ihrer Größe, Herrlichkeit und Tiefe, nimmt ab. Alles wird flächig, dünn, zusammenhangslos."

Nur zu gerne würde ich heute mit Romano Guardini durch eine vergleichsweise beschauliche Stadt wie Bern spazieren. Was würde er dazu sagen, dass seit seinen mahnenden Worten alles noch viel schlimmer gekommen ist? Womöglich würde er denken, wir seien vollkommen verrückt geworden.

Guardini äußerte seine Kritik damals im Zusammenhang mit Überlegungen zu einer zeitgemässen Form der Askese. Er verstand darunter nicht die Unterdrückung vitaler Bedürfnisse, sondern eine „Gegenwehr gegen die Angleichung" und den „Mut, zu sich selber zu stehen". Was das konkret heißt, würde er mir vielleicht auf unserem Spaziergang erklären: „Ich gehe durch die Stadt, lasse mir aber nicht gefallen, dass all das Sensationsgepeitsche mich hetzt. Ich blicke nur hin, wo ich hinblicken will. Ich lasse es nicht in mich ein. Das wäre eine höchst zeitgemässe Form von Askese."

Schweigend würden wir so durch die Gassen ziehen. Zwei Asketen mitten im geschäftigen Treiben der Stadt.

# 10

# Der grundlose Grund

## Expeditionen an den Rand

*„Im dunklen Bechergrund*
*Erscheint das Nichts des Lichts.*
*Der Gottheit dunkler Schein*
*Ist so: Das Licht des Nichts.“*

Wilhelm Weischedel

## Das große Ja

Die Wirklichkeit ist nicht immer so, wie ich sie gerne hätte. Oft gibt es eine Spannung zwischen dem, was in diesem Augenblick wirklich *ist,* und dem, was ich mir vorstelle, wünsche, erhoffe. Diese Spannung kann zu Aufbrüchen und Umbrüchen motivieren. Manchmal lässt sich eine Situation aber nicht ändern. Lehne ich mich trotzdem dagegen auf, dann verstricke ich mich in einen sinnlosen Kampf, den ich von Anfang an verloren habe.

Das beginnt bei ganz kleinen Dingen: Es regnet, und ich hätte gerne Sonnenschein. Was nützt es mir, wenn ich jetzt über das schlechte Wetter schimpfe? Damit lässt sich der Regen nicht vertreiben und die Sonne nicht aus ihrem Versteck locken. Wenn es regnet, dann regnet es. Punkt.

Ich möchte auf einer geraden Straße gehen. Ein einfaches, leichtes Leben führen. Doch mein Weg ist eher kompliziert und verschlungen. Er hat viele Buckel, Löcher und Kurven, führt manchmal hoch hinauf und dann wieder steil hinunter. Gerade ist er eher selten. Und immer wieder treten Hindernisse auf, die Umwege erzwingen. Was hilft es mir, wenn ich mich dagegen auflehne? Der Weg nimmt seinen eigenen Verlauf – und die ersehnte gerade Straße wäre vielleicht bloß langweilig.

Bis zu einem gewissen Grad schaffe ich es jeweils, auszublenden, was mir an der Wirklichkeit nicht passt, Unangenehmes zu überspielen und zu verleugnen. Doch früher oder später bricht diese ungeliebte Wirklichkeit mit voller Wucht über mich herein. Irgendeinmal muss ich anerkennen und annehmen, was *ist.* Zum Beispiel die Tatsache, dass ich allmählich älter werde.

Als bei mir vor vielen Jahren ein schwerer Herzfehler diagnostiziert wurde, wollte ich das schlicht nicht wahrhaben. Ich misstraute den Ärzten, suchte Rat bei Therapeuten und Heilern, immer auf der Flucht vor der Möglichkeit, dass die Diagnose eben doch zutreffend sein könnte. Das Verdrängen kostete viel Energie, im Hintergrund lauerte eine abgrundtiefe Angst. Paradoxerweise war es eine Erleichterung, als schließlich unzweifelhaft feststand, dass das Herz wirklich in Gefahr war und bald operiert werden musste.

Wenn ich mit der Realität streite, verliere ich. Immer. Natürlich sind manchmal Veränderungen möglich. Aber nur dort, wo ich zunächst die Wirklichkeit erkenne und anerkenne. Daneben gibt es vieles, das sich beim besten Willen nicht ändern lässt, zum Beispiel der Regen, der fällt, obwohl ich mich in die Sonne legen möchte.

Der Widerstand gegen die Wirklichkeit trennt mich vom Leben mit seinen manchmal schwierigen, manchmal schönen Seiten. Er spaltet mich ab vom Ganzen. Er löst mich aus dem großen Zusammenhang. Er führt mich in eine Isolation. Dorthin, wo die Angst zu Hause ist. Dort aber will ich nicht sitzen bleiben. Ich will erwachen. Die Augen öffnen. Aufstehen. Meinen Weg gehen. Und immer wieder Ja sagen zu dem, was jetzt, in diesem Moment, Wirklichkeit ist.

Ich will einstimmen in das große Ja, das nach der übereinstimmenden Botschaft der Religionen als Grundmelodie durch das ganze Universum tönt. Ob es regnet oder ob die Sonne scheint, ob ich jung bin oder alt, ob gesund oder krank, erfolgreich oder erfolglos, groß oder klein, reich oder arm – es gibt ein allumfassendes, kosmisches Ja, das diese Gegensätze weit übersteigt. Ein Ja jenseits der üblichen Ja/Nein-Logik. Ein Ja zum Zusammenspiel von Ja und Nein, hell und dunkel, gut und böse, Leiden und Freude, Glück und Unglück, Leben und Tod. Ein Ja ohne Bedingungen und ohne Einschränkungen.

Dieses große Ja ist Zustimmung, Einverständnis, Einklang: Die Welt ist ein freundlicher Ort, trotz aller Schrecken. Das

Leben ist gut, trotz aller Schwierigkeiten. Es gibt einen Sinn, trotz aller Sinnlosigkeit.

Das ist ein Bekenntnis. Ein Glaubenssatz. Ein Gebet. Durch nichts zu beweisen, aber – so hoffe ich – eben doch wahr.

Womit wir beim letzten und wohl schwierigsten Kapitel angekommen sind.

## Mund und Ohren spülen

Gott. Ach Gott! Mein Gott!

Dieses Wort, viel gebraucht, viel missbraucht, ich mag es nicht. Ich höre es nicht gern, ich lese es nicht gern und spreche es nicht gern aus. Es ist besetzt, es lässt mir keinen Raum mehr. Zu viel ist mit diesem Wort schon angerichtet worden, als dass ich es einfach so in den Mund nehmen könnte. Es ist „das beladenste aller Menschenworte“ (Martin Buber).

Kurz: Ein unmögliches Wort. Ich bringe es kaum über die Lippen. Lieber halte ich mich da an den Rat von Meister Eckhart, Gott um Gottes willen sein zu lassen. Eckhart sagt es auch ganz direkt: „Schweig und lass das Gekläff von Gott!“

Als ein Zen-Lehrer während eines Vortrages das Wort *Buddha* aussprach, räusperte er sich, stand auf und verschwand für einen Augenblick. Dann kam er zurück und entschuldigte sich: „Es widerstrebt mir, das Wort *Buddha* zu gebrauchen. Ich reagiere allergisch. Jedes Mal, wenn ich es verwende, gehe ich ins Badezimmer und spüle mir mindestens dreimal den Mund aus.“

Der Meister setzte seinen Vortrag fort. Plötzlich erhob sich ein Mann aus dem Kreis der Zuhörer und sagte: „Meister, auch ich reagiere allergisch auf das Wort *Buddha*. Jedes Mal, wenn ich es höre, muss ich zum Fluss und meine Ohren dreimal waschen.“

So geht es mir mit dem Wort *Gott* (und verwandten Begriffen wie *Göttin, Das Göttliche*, *Vater im Himmel* usw.). Ich reagiere allergisch, muss Mund und Ohren spülen. Dieses unmögliche Wort steht für eine mögliche Wirklichkeit, welche nie in Worte und Begriffe zu fassen ist.

Es gibt in der Mystik eine Richtung, welche diese letzte Wirklichkeit als „Nichts“ bezeichnet. Dieses Nichts ist nicht einfach nichts. Es ist der namenlose Urgrund, die unfassbare

Urenergie. In ihm ist alles enthalten. Es ist ein offenes Gefäß für die ganze Fülle des Seins. Es ist wie ein unendlich weiter Ozean. Es verstehen und beschreiben zu wollen, gleicht dem Versuch, diesen Ozean in einem Wasserglas einzufangen.

Und doch kennen alle Religionen Begriffe und Bilder für das Absolute. Das entspricht dem menschlichen Bedürfnis, mit einem absoluten Gegenüber in einem lebendigen Austausch verbunden zu sein. Ein Gebet kann besser an ein wie auch immer gestaltetes Gegenüber gerichtet werden als an eine undefinierbare, nicht näher fassbare absolute Wirklichkeit.

Persönlich liebe ich auch die alten Geschichten, in denen mir dieses Geheimnis als Du begegnet: Da werde ich direkt angesprochen und herausgefordert, da vernehme ich in vielerlei Stimmen und Sprachen immer wieder das große Ja. Vieles bleibt mir dabei rätselhaft, gegen einiges lehne ich mich auch auf. Doch auch das lerne ich von diesen Geschichten: Mit dem oder der Einen darf ich auch streiten.

Aber: Alle Bilder und Begriffe sind – im besten Fall – Gleichnisse, welche für eine Wirklichkeit stehen, die sich jeder begrifflichen Fixierung entzieht. Sie dürfen nicht absolut gesetzt werden. Sonst werden sie zu Ideologien, mit denen man sich gegenseitig die Köpfe einschlagen kann.

Meister Eckhart unterscheidet zwischen *Gott* und der *Gottheit*: Mit *Gott* meint er die Bilder, die Menschen sich von der absoluten Wirklichkeit machen, mit der *Gottheit* die absolute Wirklichkeit, in der alle Bilder aufgehoben sind: „Alles das, was in der Gottheit ist, das ist Eins, und davon kann man nicht reden."

Die vielleicht bilderreichste Religion, der Hinduismus, kennt 330 Millionen Götter. Hinter all diesen Göttern und Göttinnen steht Brahman, die Quelle allen Seins, die ursprüngliche Kraft, welche das ganze Universum durchdringt. Brahman ist die höchste, absolute Wirklichkeit und kann vom Denken und von der Sprache nicht mehr erreicht werden. Brahman ist wie ein Ozean, der sich auf die Unendlichkeit hin öffnet. In ihm ist alles enthalten, von den vielen Gottheiten bis zum Menschen, vom Baum bis zur Ameise.

So weit, so unendlich weit und offen ist das Geheimnis zu skizzieren, das *Gott* genannt wird. Ein Ding der Unmöglichkeit. Wer es dennoch versucht, sollte zumindest nicht vergessen, Mund und Ohren gründlich zu spülen.

## Was weißt du? Nichts.

Im Übergang vom Mittelalter zur Neuzeit, am Ende einer Epoche, die viele gelehrte Werke über Gott und die Welt hervorgebracht hat, kommt der Universalgelehrte Nikolaus von Kues zur Erkenntnis, dass das Absolute für das menschliche Denken zwar unverzichtbar, zugleich aber auch unerreichbar sei. Wie Jahrhunderte zuvor schon Sokrates erklärt er: Ich weiß, dass ich nichts weiß. („Damit weißt du aber mehr als ich", soll ein kluger Kopf zu Sokrates gesagt haben: „Ich weiß nämlich nicht einmal, dass ich nichts weiß …").

Nikolaus erläutert diese skeptische Haltung durch einen fiktiven Dialog zwischen einem „Heiden" (A) und einem „Christen" (B). A ist ein Zweifler und möchte gerne klare Auskünfte. B würde diese gerne geben, kann aber nicht, weil sich A's Fragen letztlich nicht beantworten lassen.

A: Bruder, was weißt du von dem Gott, den du anbetest?

B: Ich weiß nichts.

A: Wie kannst du mit solchem Ernst anbeten, was du nicht kennst?

B: Weil ich kein Wissen habe, bete ich an.

A: Sonderbar. Was weißt du denn?

B: Ich weiß, dass all mein Wissen und Begreifen ihm nicht entspricht, weil er alles übersteigt.

A: Wie muss ich mir Gott denn vorstellen?

B: Es gibt keine Vorstellung, weil er in seiner Unendlichkeit alles überschreitet. Er ist der Ursprung, der jedem Gedanken über ihn vorausgeht.

A: Dann gibt es ihn nicht in der Weise, wie es einen Baum gibt?

B: Nein.

A: Woraus ich schließe, dass er nichts ist.

B: Er ist nicht nichts. Er ist auch nicht etwas. Etwas und

nichts sind Namen, Gott aber hat keinen Namen. Er geht allem Nennbaren, aber auch allem Nichtnennbaren voraus.

A: Wer ist er denn?

B: Er ist der Urgrund ohne Beginn und das Ziel ohne Ende. Er ist die Quelle allen Seins und Nichtseins.

A: So. Die Quelle allen Seins und Nichtseins …

B: Nein!

A: Aber das hast du doch eben gesagt?

B: Ich sagte die Wahrheit, als ich dies behauptete. Aber auch jetzt spreche ich wahr, wenn ich es wiederum bestreite. Denn wenn es eine Quelle des Seins und des Nichtseins gibt – Gott geht ihr voraus. Er ist jenseits aller Gegensätze. Ich sage es mit dem lateinischen Begriff: *coincidentia oppositorum* – Zusammenfallen der Gegensätze. Aber das soll kein weiterer Versuch sein, Gott zu benennen. Nur so ein Gedanke …

Nun könnte dieser Dialog, den ich hier frei wiedergegeben habe, noch lange so weitergehen. A, der Zweifler und Suchende, würde mit der Zeit entdecken, dass er B, dem Christen, eigentlich ganz nahe ist. Und umgekehrt. Beide stehen vor einem Geheimnis. Der eine möchte es ergründen, der andere weiß um dessen Unergründbarkeit.

Dieses unergründbare Geheimnis ist der Boden, auf dem die Religionen sich begegnen können. Nikolaus von Kues weist in seiner prophetischen Schrift *Frieden der Religionen* darauf hin: Hinter allen Religionen steht das eine, große und ewige Mysterium. „Möchten doch alle erkennen, dass in der Vielheit der Religionsformen nur *eine* Religion sich kundgibt.“

## Eine überhelle Dunkelheit

Weil über das Geheimnis des Absoluten letztlich nichts gesagt werden kann, haben es etliche Mystiker umgekehrt versucht: Sie beschreiben es „negativ", indem sie alles ausschließen, was es *nicht* ist. Da kann man natürlich unendlich lange aufzählen und kommt doch nie an ein Ziel. Immer gilt es noch etwas wegzunehmen, noch eine Verneinung mehr hinzuzufügen, um dann wiederum auch diese Verneinung zu verneinen. Dieser Weg ist nie zu Ende. Aber er ist auch nicht sinnlos. Mystikerinnen und Mystiker erkennen dabei die Unerkennbarkeit des Absoluten. Sie begegnen einem Geheimnis, das sich nicht erschließen lässt – und eben doch da ist. Sie begegnen ihm mit Ehrfurcht und Respekt.

Ein Meister auf diesem Gebiet ist Dionysius Areopagita, ein syrischer Mönch aus dem frühen 6. Jahrhundert. Dionysius verfasste eine ganze Liste, wer oder was alles Gott *nicht* sei: Nicht Körper und nicht Geist, nicht Kraft und nicht Licht, nicht Leben und nicht Wahrheit, nicht Sein und nicht Nicht-Sein, nicht Ewigkeit und nicht Zeit, nicht Weisheit und nicht Güte, nicht Eins und nicht Einheit, ja nicht einmal Gottheit. Nicht dies und nicht das. Kein Ja und kein Nein. Kein Etwas und kein Nichts. Schließlich meinte er: „Im Hinblick auf Göttliches sind Verneinungen wahr, Bejahungen unzureichend."

Dionysius geht davon aus, dass alles, was ist, einen gemeinsamen Ursprung und eine gemeinsame Mitte hat. Er spricht auch vom „unerschaffenen Licht", das im Dunkel des Ungeschaffenen wohne. Und dieses Dunkel wiederum sei heller als das Licht.

Verwirrend. In diesem dionysischen Irrgarten versagen alle Methoden der Erkenntnis. Kein Nachdenken und kein Wissen führen weiter. Wo die Grenzen des Aussagbaren überschritten werden, bleiben das Paradox und das Schweigen.

In einer atemberaubenden Radikalität stellt Dionysius sämtliche Konzepte und Vorstellungen auf den Kopf. Seine *Theologia mystica* ist wie ein reinigendes Gewitter, welches die Religion auf ihren Kern zurückführt – zum ursprünglichen „Glanz“, der sich nur jenen zeigt, „die ihre Augen zu schließen wissen“ und die eintreten in die „überhelle Dunkelheit des Schweigens“.

Eine Formulierung von solch nüchterner Schönheit und Paradoxie bildet einen wohltuenden Kontrast zu den vielen Worten, die über Gott und das göttliche Mysterium gemacht werden. Nicht dass diese Worte alle falsch wären. Aber sie genügen nicht. Ihre Grenzen sind zu eng. Sie müssen aufgebrochen werden, auf etwas Größeres hin.

Dionysius räumt weg, was das göttliche Mysterium zudecken und einschränken könnte: „Lasst die Sinne und das Wirken des Verstandes hinter euch, so dass ihr durch Nichtwissen zu Ihm gelangt, der über alles Sein und alles Wissen hinausreicht.“ Er weist den Weg „in das höchste Leuchten der göttlichen Dunkelheit“. Dieser Dunkelheit lassen sich keine Eigenschaften zuschreiben. Sie hat keine Form und keinen Ursprung. Sie bleibt unbegreiflich. Aber sie leuchtet. Heller als alles Licht.

## Verborgen in einer Wolke

Eine große Wolke bedeckte den Berg Sinai, als Moses hinaufstieg, um die steinernen Gebotstafeln von Gott zu empfangen. Moses sah nicht, wohin sein Weg ihn führen würde. Als er hoch genug gestiegen war, trat er ein in die Wolke. Jetzt sah er auch nicht mehr, woher er gekommen war. Eine wattige, feuchte Finsternis hüllte ihn ein. Nur undeutlich erkannte er den Pfad vor seinen Füßen. Er stieg weiter bis zum Gipfel, wo er vierzig Tage und vierzig Nächte blieb.

Diese biblische Szene faszinierte Dionysius Areopagita. Er deutete sie als Bild für den mystischen Pfad, welcher ins Dunkel des Ungeschaffenen führt: Moses tauchte ein in die Dunkelheit, in der die Quelle des unerschaffenen Lichtes verborgen ist, aber er vermochte sie nicht zu sehen, weil sie unsichtbar ist. Ihre Schönheit ist „verhüllt".

Ein unbekannter englischer Autor des 14. Jahrhunderts griff das Bild wieder auf und schrieb mit *The Cloud of Unknowing* (*Die Wolke des Nichtwissens*) einen mystischen Text, der weite Verbreitung fand. Die letzte Wirklichkeit ist nach ihm mit dem Verstand nicht zu erfassen, weil sich die dunkle Wolke des Nichtwissens dazwischenschiebt. Möglich ist einzig eine intuitive Annäherung an das verhüllte Geheimnis. „Ich rate dir also, in diese Wolke einzutreten und dich dort zu Hause zu fühlen und mit der Übung der schweigenden Hingabe zu beginnen."

Wer in diese Wolke eintreten will, soll alle Gedanken, Begriffe und Bilder hinter sich lassen und unter sich eine weitere Wolke ausbreiten – „die Wolke des Vergessens". Diese soll alles zudecken, was einen Menschen beschäftigt und besetzt, damit er frei wird für das, was ihm *jetzt* begegnet und widerfährt. Frei, sich von jener anderen Wirklichkeit ergreifen zu lassen, die nie zu begreifen ist.

Der Aufstieg in die Wolke des Nichtwissens ist nicht möglich ohne einen Ruf, der einen Menschen auf diesen anspruchsvollen, mühsamen und auch gefährlichen Pfad führt. Der unbekannte Autor weist denn auch nachdrücklich darauf hin, dass dieser Weg sich nicht für jeden Menschen eigne.

Ich fühle mich nicht zum Aufstieg berufen. Ich gehöre zu denen unten am Berg. Ich bleibe im Tal. Aber auch von da aus sehe ich in der Ferne die Wolke, die den Berg geheimnisvoll einhüllt. Ich lese die Zeugnisse von Männern und Frauen, welche die abenteuerliche Wanderung in die Wolke hinein gewagt haben. Ich versuche in Gedanken ihren Spuren zu folgen. Weit komme ich dabei nicht, denn die Gedanken müssen bald einmal zurückgelassen werden. Nichtsdestoweniger fasziniert mich die Möglichkeit eines erkennenden Nichterkennens, einer dunklen Schau des göttlichen Lichts.

Einer, der den Aufstieg in die Wolke des Nichtwissens nicht gescheut hat, ist Juan de la Cruz, der große spanische Mystiker der „dunklen Nacht“. In den Schilderungen seiner mystischen Erfahrungen zieht er durch die Wüste und die dunkle Nacht zum Gipfel eines Berges. Dort, wo Himmel und Erde sich begegnen, fällt für ihn der „Trug des Schaubaren und Fassbaren“ weg. Dort blendet ihn das göttliche Licht. Er nennt es *Nada,* das *Nichts.* Dieses Nichts erlebt er nicht als abweisende Kälte, sondern als tragenden Grund: „Seitdem ich mich ins Nichts versenke, gewahre ich, dass nichts mir fehlt.“

Der Weg zu dieser Gipfel-Erfahrung ist steil, anstrengend und nicht ohne Gefahren. Ob es auch einen leichteren Weg gibt, lässt Juan offen.

Sommer 1926. Ein Jugenderlebnis des Dramatikers Eugène Ionesco. Frühmorgens spaziert er durch die Gassen einer kleinen Provinzstadt. Die Sonne scheint warm und hell. Und da geschieht es: „Plötzlich wurde das Licht blendend weiß, viel strahlender als die Sonne. Die Wäsche, die zum Trocknen im Hinterhof hing, die arme Bettwäsche sah plötzlich übernatürlich aus. Die Welt erschien mir wie verwandelt, so stark, dass ich von einer überrumpelnden Freude ergriffen war. Und vor allem spürte ich diese Gegenwart, die mich sagen ließ: Was auch immer geschehen mag, jetzt weiß ich. Und ich werde diesen Augenblick nie vergessen. Und folglich werde ich nie mehr völlig verzweifelt sein. Ich kann nicht erzählen, was es war, denn es ist wirklich unerzählbar. Es war gleichsam eine Veränderung eingetreten im Anblick der Stadt selbst, der Welt, der Leute. Der Himmel schien mir viel näher zu sein, fast mit Händen greifbar. Ich kann nichts anderes sagen als Intensität, Anwesenheit, Licht."

Später hat Ionesco die Bedeutung dieses Erlebnisses für sein weiteres Leben heruntergespielt: Trotz der ungeheuren Intensität des Erfahrenen habe er nachher auf den Himmel verzichtet, so wie der Himmel auch ihn fallen gelassen habe. Als Ersatz für den verlorenen Himmel stürzte er sich nach eigenen Worten begierig und gefräßig ins Leben, wohl wissend, dass seine Begierden die Lücke nicht zu füllen vermochten. Mystische Erfahrung lässt sich offensichtlich nicht konservieren, sie kann wieder verblassen. Die Erleuchtung ist nicht von Dauer.

Aber ist das, was Ionesco an jenem Sommertag in der Provinzstadt erlebt hat, überhaupt Wirklichkeit? Oder Einbildung? Träumerei? Projektion? Wunschdenken?

Die Frage bleibt offen. Es gibt keine eindeutige Antwort, weil jede Antwort immer von der eigenen Betrachtungsweise abhängen wird: Wie sehe ich das Leben, die Welt, das Universum? Wie interpretiere ich, was ich wahrnehme? Halte ich nur das für wahr und wirklich, was ich fassen, begreifen und erklären kann? Oder halte ich es für möglich, dass es ein schwer erklärbares Mehr gibt, das immer unvermittelt und immer überraschend irgendwo und irgendwann aufscheinen kann?

Es bleibt letztlich eine ganz persönliche Entscheidung: Glaube ich, dass es einen Sinn gibt, einen allumfassenden Zusammenhang, ein großes Ja? Oder glaube ich, dass alles Zufall ist, ohne Sinn, ohne Bedeutung? So oder so eine Glaubensfrage. Wie auch immer die Antwort ausfallen mag, sie wird durch nichts zu beweisen sein.

Warum und wann ich mich für die erste Möglichkeit entschieden habe, den Glauben an ein übergeordnetes, sinnvolles Ganzes, weiß ich nicht so genau. Aber ich gehe nun einmal davon aus. Ich versuche, mich offen zu halten und ansprechen zu lassen von jener anderen Wirklichkeit, die mir so geheimnisvoll verborgen bleibt.

Die Zweifel und Fragen sind damit nicht weggeräumt. Sie bleiben und halten mich wach. Sie bewahren mich vor Oberflächlichkeit und allzu schnellen Antworten. Sie führen mich in die Tiefe, in die Dunkelheit des Nichtwissens. Und manchmal verschwinden sie dort.

In der mystischen Literatur findet sich immer wieder die Warnung vor einer allzu angestrengten Suche. Diese wird oft vom Ego angetrieben, was dazu führt, dass man vor lauter Suchen nie etwas findet. Und vielleicht geht es auch gar nicht darum, etwas zu finden, sondern eher darum, sich finden zu lassen, hier und jetzt.

Als der japanische Zen-Meister Eido Tai Shimano gefragt wurde, was Buddhisten über die Existenz Gottes dächten, antwortete er: „Vor ein paar Tagen ging ich am Fluss entlang. Plötzlich wurde ich auf die Sonne aufmerksam, die durch die kahlen Bäume schien. Ihre Wärme, ihre Helligkeit – alles ganz frei, völlig geschenkt. Einfach da zu unserer Freude. Und ohne dass ich es bemerkte, ganz spontan, hatten sich meine Hände zusammengelegt, und ich verbeugte mich. Da wurde mir klar, dass es allein darauf ankommt: dass wir uns verbeugen können, tief verbeugen. Nur das. Einfach nur das.“

Eine kleine Verbeugung nur. Und manch angestrengtes Nachdenken über Gott und den Urgrund der Welt erübrigt sich.

# Ausklang

Mehr als vier Jahre habe ich an diesem Buch geschrieben. Es war ein Schreiben nebenbei: Neben Beruf und Alltag und all den Verpflichtungen, die damit einhergehen. Neben Familienleben, Freizeit, Muße und Müßiggang. Ein Schreiben am Rand der meist ziemlich gefüllten Tage. Meine bevorzugte Zeit dafür waren die Abendstunden. Wenn das Licht allmählich schwächer wurde und der Himmel zum Abschied geheimnisvoll leuchtete, setzte ich mich mit einer Tasse Tee und ziemlich viel Schokolade an den Computer und begann zu schreiben.

Es war eine intensive Zeit. Oft schön und beglückend, gelegentlich aber auch mühsam und schwierig. Einige Texte ergaben sich wie von selbst, fast ohne mein Dazutun. Mit anderen hatte ich lange zu kämpfen. Und viele habe ich unzählige Male überarbeitet, korrigiert, verändert und in neue Formen gegossen. So ist von den ursprünglichen Entwürfen praktisch nichts mehr übrig geblieben. Das Buch ist anders geworden, als ich es geplant hatte.

Manchmal kam ich nach langer Auseinandersetzung mit einem Text zu der deprimierenden Erkenntnis, dass ich mich hoffnungslos verirrt hatte im Gestrüpp der Gedanken, Worte und Formulierungen. Dann blieb mir nur eines: Zurück an den Anfang. Alles beiseite legen. Und noch einmal von vorn beginnen.

Oder aufhören? Einige Male war ich der Sache müde und wollte das Projekt ganz aufgeben. Doch dann packte es mich wieder. Ich wagte einen weiteren Neuanfang. Mit der Zeit hatte ich ziemlich viel Übung im Anfangen. Aber noch nicht den Mut, einen Text einmal so stehen zu lassen, wie er nun einmal war: unvollständig, fragmentarisch, vielleicht auch fragwürdig.

Auch heute noch fällt mir beim Durchlesen vieles auf, das ich anders und scheinbar besser machen könnte. Doch inzwischen wage ich es, auch einmal einen Punkt zu setzen. Alles so zu lassen, wie es ist. Denn dieses Spiel ist nie zu Ende. Ich kann immer alles anders und besser machen. Und dieses Buch ist auch keine Endstation, sondern im besten Falle eine Zwischenstation auf meinem Weg. Die Reise geht weiter.

Ich habe auf ein Ergebnis hin geschrieben, das fertige Buch. Aber dieses Ziel hat mit der Zeit etwas an Bedeutung verloren. Ich habe entdeckt, wie wertvoll der Prozess des Schreibens an sich ist. Am Computer wurde ich zum Schüler, der sich in das weite Land der Mystik vorwagt, ohne genau zu wissen, was ihn erwartet. Die Entdeckungen, die ich dabei gemacht habe, haben mich bereichert. Es ist etwas mit mir geschehen.

Jetzt schließe ich ab und lege das Manuskript aus den Händen. Und dann?

Ich habe einmal tibetische Mönche beobachtet, die mit feingeriebenen farbigen Kieselsteinen ein großes Mandala angefertigt haben. Sie knieten auf dem Boden, bückten sich über die mit einem Stift vorgezeichneten Linien des Bildes und setzten mit einem kleinen Röhrchen die Steinchen an den richtigen Platz. Eine mühsame und anstrengende Präzisionsarbeit, welcher die Mönche sich mit einer erstaunlichen Geduld widmeten. Eine ganze Woche waren sie damit beschäftigt. Als das Kunstwerk schließlich fertig war, wurde es nicht eingerahmt und aufbewahrt, sondern ausgelöscht. In einem feierlichen Ritual wischten die Mönche die sorgfältig gesetzten Steinchen zusammen und übergaben sie dem Fluss.

Ich weiß nicht, wie diese Mönche es schaffen, so viel Energie und Liebe in ein Projekt zu stecken, das gleich wieder aufgelöst wird und im Nichts verschwindet. Aber ich weiß, dass mir hier in einer beinahe dramatischen Verkürzung vorgeführt wurde, was auch für mich gilt: Alles ist unbeständig und vergänglich. Was immer ich auch bin und tue – es hat keinen Bestand. Früher oder später verlieren sich sämtliche Spuren meines Seins und Schaffens im Nirgendwo.

Soll ich es jetzt den tibetischen Mönchen gleich tun und das fertige Manuskript, das doch nie ganz fertig sein wird, auslöschen, vernichten? Die Verlockung ist gewiss da. Ich habe in den vergangenen vier Jahren eine weite Wegstrecke zurückgelegt und dabei viel erlebt. So gesehen brauche ich das fertige Buch nicht mehr.

Und doch brauche ich es. Ich habe gerne ein greifbares Resultat in den Händen. Ich mag dieses Dokument eines langen, ebenso inspirierenden wie anstrengenden Weges nicht einfach wegwerfen. Zumindest jetzt noch nicht. Ich schicke es an den Verlag.

Aufhören möchte ich mit einem kleinen Gebet, das ich bei dem amerikanischen Poeten Robert Frost entdeckt habe. Ich meine, darin etwas von jenem Geist zu entdecken, der die tibetischen Mönche beim Zusammenwischen ihres Mandalas bewegt haben mag.

„Vergib' mir meinen Unsinn,
wie ich auch jenen ihren Unsinn vergebe,
die meinen, etwas Sinnvolles zu sagen."

# Eine kleine Personengalerie

*Viele Menschen haben mich zu diesem Buch inspiriert. Vor allem Menschen, die ich persönlich kenne. Aber auch einige aus der Geschichte. Zu Letzteren ein paar biographische Angaben.*

Antonius (ca. 251–356): Einsiedler in der ägyptischen Wüste mit großer Bedeutung für die Wüstenväter und das christliche Mönchtum.

Antonius von Padua (1195–1231): Franziskaner, Volksprediger und Kirchenlehrer. Schutzpatron der Armen – und ein Heiliger, der hilft, verlorene Sachen wiederzufinden.

Aurelius Augustinus (354–430): Rhetoriklehrer aus Nordafrika, bekehrte sich mit 32 Jahren zum Christentum und wurde später Bischof von Hippo. Er gilt als der größte lateinische Kirchenlehrer des christlichen Altertums. Einblick in seine innere Entwicklung geben seine *Confessiones (Bekenntnisse)*.

Ba'al Shem Tov (1700–1760): Charismatischer jüdischer Lehrer, Gründer des osteuropäischen Chassidismus, einer alltagsnahen, ekstatisch-mystischen Form jüdischer Spiritualität.

Barsanuphius (6. Jh.): Byzantinischer Asket und Mystiker.

Benedikt von Nursia (ca. 480–547): Gründer und Abt des Stammklosters der Benediktiner Montecassino bei Neapel, Patron Europas. Die Regel des heiligen Benedikt prägte das abendländische Mönchtum.

Buber, Martin (1878–1965): Jüdischer Religionsphilosoph, Bibelübersetzer und Erforscher des osteuropäischen Chassidismus. Seine Philosophie der Begegnung hat Pädagogik, Psychologie und Theologie des 20. Jahrhunderts beeinflusst.

Bodhidharma (5./6. Jh. n. Chr.): 28. Nachfolger Buddhas und erster chinesischer Patriarch des Zen. Er reiste von Indien nach China, ließ sich in einem Kloster nieder und begann die stille Versenkung zu praktizieren, den Zazen.

Buddha (ca. 560–480 v. Chr.): Buddha („der Erwachte") ist der Ehrentitel von Prinz Siddharta, dem Stifter der nach ihm Buddhismus genannten Religion. Er lebte von 560–480 v. Chr. im Gebirge am Rande des nepalesischen Himalaya.

Cassian, Johannes (ca. 360–435): Christlicher Mönch, der die Tradition der Wüstenväter und die Spiritualität des osteuropäischen Mönchtums im Westen bekannt machte.

de Caussade, Jean-Pierre (1675–1751): Jesuit und Prediger. Seine Notizen und Briefe, die über hundert Jahre nach seinem Tod als Buch unter dem Titel *Von der Hingabe an die göttliche Vorsehung* veröffentlicht wurden, fanden eine breite Leserschaft.

Dionysius Areopagita (6. Jh.): Ein unbekannter christlicher Schriftsteller, möglicherweise ein syrischer Mönch. Seine Schriften übten einen großen Einfluss auf die mittelalterliche Mystik aus.

Dominikus (1170–1221): Stifter des Predigerordens der Dominikaner, der sich dem einfachen Leben in Armut verschrieb.

Donne, John (1572–1631): Englischer Dichter und Prediger. Trat von der katholischen zur anglikanischen Kirche über.

Dorotheus von Gaza (ca. 505–565): Einer der großen Lehrer unter den ägyptischen Wüstenvätern.

Dürckheim, Karlfried Graf (1896–1988): Professor für Psychologie, machte während eines längeren Japan-Aufenthalts Bekanntschaft mit dem Zen-Buddhismus und begründete nach seiner Rückkehr nach Deutschland im Schwarzwald das Zentrum für Initiatische Therapie. Dürckheim gehört zu den Pionieren der Zen-Meditation in Europa.

Meister Eckhart (ca. 1260–1327): Domikaner, Gelehrter (von daher der Titel Magister, Meister) und Prediger. Er gilt als der bedeutendste Vertreter der deutschen Mystik. Der beim Volk beliebte Prediger wurde wegen seiner Lehren von der Kirche verurteilt. Seine Schüler waren u. a. Heinrich Seuse und Johannes Tauler.

Epikur (341–270 v. Chr.): Griechischer Philosoph, der die „Meeresstille" des Gemüts als höchste Form geistig-seelischer Lust anstrebte.

Epiktet (ca. 50–135): Stoischer Philosoph, der lange als Sklave leben musste. Seine Philosophie steht im Dienste praktischer Lebensweisheit und hat auch das frühe Christentum beeinflusst.

Evagrius Ponticus (346–399): Prediger und Autor mystischer Werke, der sich in die Nitrische Wüste in Ägypten zurückzog, um sich dem Gebet unter den Mönchen zu widmen.

Franz von Assisi (1181–1226): Einfacher Wanderprediger und Ordensstifter, einer der bekanntesten und beliebtesten Heiligen des Mittelalters.

Franz von Sales (1567–1622): Bischof von Genf, Seelsorger und Lehrer einer stillen, innerlichen Mystik.

Gregor von Nyssa (ca. 330–395): Bischof, Kirchenlehrer und Autor mit einem besonderen Sinn für die Schönheit.

Guardini, Romano (1885–1968): Katholischer Religionsphilosoph und Theologe.

Heidegger, Martin (1889–1976): Philosoph, der sich vor allem der Frage nach dem Sein widmete.

Ionesco, Eugène (1909–1994): Französischer Dramatiker rumänischer Herkunft, der mit dem absurden Theater das Publikum aus seiner selbstzufriedenen Schläfrigkeit zu wecken versuchte.

Irenäus von Lyon (ca. 140–ca. 200): Theologe aus Kleinasien, Bischof in Lyon, Kirchenvater.

Jesus von Nazareth (ca. 3 v. Chr.–33 n. Chr.): Jüdischer religiöser Lehrer und nach christlichem Verständnis die Inkarnation Gottes.

Juan de la Cruz (Johannes vom Kreuz, 1542–1591): Spanischer Mystiker, Dichter und Kirchenlehrer. Wurde wegen seines Reformeifers von konservativen Klerikern verfolgt. Sein Leiden prägte seine Mystik der „dunklen Nacht".

Kierkegaard, Sören (1813–1855): Dänischer Theologe, Philosoph und Schriftsteller, Kritiker eines verbürgerlichten Christentums.

Laurentius, Bruder (ca. 1608–1691): Laienbruder in einem Karmeliterkloster in Paris. Er war wegen seiner spirituellen Tiefe weithin bekannt. Sein zentrales Thema war die „Übung der Gegenwart Gottes" in Alltag und Gebet.

Lawrence, D. H. (1885–1930): Englischer Schriftsteller; wegen Verstoßes gegen gesellschaftliche Normen wurde er stark angefeindet.

Luther, Martin (1483–1546): Zuerst Augustinermönch, dann Reformator der deutschen Kirchen, Übersetzer der Bibel, Autor vieler theologischer Schriften – und Mystiker.

Maharshi, Ramana (1879–1950): Indischer Seher. Das Erlebnis des eigenen Sterbens führte den Siebzehnjährigen auf den Weg, das eigene Innerste (Atman) als Göttliches (Brahman) zu entdecken und zu verwirklichen.

Merton, Thomas (1915–1968): Französisch-amerikanischer Trappistenmönch und Dichter. Befasste sich mit fernöstlichen Traditionen und Zen, engagierte sich in sozialpolitischen und pazifistischen Bewegungen, lebte am Schluss als Einsiedler. Wegbereiter einer neuen Spiritualität in den USA.

Nikolaus von Kues (1401–1464): Philosoph, Mathematiker, Bischof und Kardinal – und (trotzdem!) Mystiker. Einer der ersten Humanisten Deutschlands. Nikolaus hat übrigens ein Jahrhundert vor Kopernikus als erster die These aufgestellt, dass sich die Erde um die Sonne drehe.

Notker (840–912): Benediktinermönch in St. Gallen, der wegen eines Sprachfehlers stammelte und den Übernamen „Balbulus“, „Stotterer“, erhielt. Dichter und Komponist von Sequenzen und Hymnen, Übersetzer, Schulleiter und Ratgeber.

Origenes (ca. 185–254): Fruchtbarster Schriftsteller der alten Kirche mit streng asketischem Lebensstil, von der Kirche verurteilt und trotzdem ein Kirchenvater, wenn auch ein „inoffizieller“.

Pascal, Blaise (1623–1662): Französischer Religionsphilosoph, Mathematiker und Physiker.

Paulus (ca. 10–64): Wurde mit ca. 20 durch ein Erlebnis bei Damaskus vom eifrigen Verfolger der christlichen Kirchen zum Jünger Jesu bekehrt. Ausgedehnte Missionstätigkeit, Gründer von Gemeinden, Autor zahlreicher Briefe, eigentlicher Begründer der christlichen Theologie. Alles in allem die wohl bedeutendste Gestalt des Urchristentums.

Schweitzer, Albert (1875–1965): Christlicher Theologe und Missionsarzt.

Seneca (4 v. Chr.–65 n. Chr.): Römischer Politiker, Philosoph und Dichter, Erzieher Neros, später wegen angeblicher Beteiligung an einer Verschwörung zum Selbstmord gezwungen. In seiner lebensnahen philosophischen Ethik fühlt er sich der Stoa verpflichtet.

Seuse, Heinrich (1295–1366): Dominikaner mit übersinnlichen Erfahrungen, Seelsorger in Nonnenklöstern, Mystiker, der sich gegen den Vorwurf der Ketzerei wehren musste.

Sokrates (470–399 v. Chr.): Eine der Hauptgestalten der griechischen Philosophie und des abendländischen Denkens. Sokrates philosophierte, indem er Fragen stellte.

Sogyal Rinpoche, Lama: Gebürtiger Tibeter, heute im Westen ein bekannter Lehrer des tibetischen Buddhismus.

Tauler, Johannes (1300–1361): Dominikaner, Prediger und Seelsorger in Straßburg, Köln und Basel. Vertreter einer lebenspraktisch orientierten Mystik.

Teresa von Avila (1515–1582): Spanische Mystikerin, Visionärin und Kirchenlehrerin. Reformierte den Karmeliterorden.

Thich Nhat Hanh (*1926): Buddhistischer Mönch aus Vietnam, Zenmeister und international engagierter Friedensaktivist. Autor zahlreicher Bücher über Zen und den inneren Frieden.

Thomas von Aquin (1225–1274): Dominikanischer Theologe und Philosoph. Gilt als einer der größten Denker der katholischen Kirche. Prägte mit seinen theologisch-philosophischen Schriften das mittelalterliche Christentum.

Thoreau, Henry David (1817–1862): Amerikanischer Schriftsteller und Sozialkritiker, lebte zeitweise als Einsiedler in einer selbst gezimmerten Blockhütte.

Underhill, Evelyn (1875–1941): Autorin christlich-spiritueller Bücher, profunde Kennerin der christlichen Mystik.

Weischedel, Wilhelm (1905–1975): Theologe und Philosoph, Dozent für Philosophie. Die als Motto von Kapitel 10 zitierten Zeilen notierte er kurz vor seinem Tod.

*Ihnen allen und vielen anderen, hier nicht erwähnten Persönlichkeiten aus Geschichte und Gegenwart einen ganz herzlichen Dank für all die inspirierenden Gedanken. Wir sind miteinander auf dem Weg.*